Negociação e administração de conflitos

Central de Qualidade — FGV Management
ouvidoria@fgv.br

Publicações FGV Management

SÉRIE GERENCIAMENTO DE PROJETOS

Negociação e administração de conflitos

2ª edição

Eugenio do Carvalhal

Antônio André Neto

Gersem Martins de Andrade

João Vieira de Araújo

FGV management

FGV EDITORA

ISBN — 978-85-225-0751-1

Direitos desta edição reservados à
EDITORA FGV
Rua Jornalista Orlando Dantas, 37
22231-010 — Rio de Janeiro, RJ — Brasil
Tels.: 0800-021-7777 — 21-3799-4427
Fax: 21-3799-4430
e-mail: editora@fgv.br — pedidoseditora@fgv.br
web site: www.fgv.br/editora
Impresso no Brasil / *Printed in Brazil*

Este livro foi editado segundo as normas do Acordo Ortográfico da Língua Portuguesa, aprovado pelo Decreto Legislativo nº 54, de 18 de abril de 1995, e promulgado pelo Decreto nº 6.583, de 29 de setembro de 2008.

1ª edição — 2006; 1ª reimpressão — 2006; 2ª e 3ª reimpressões — 2007; 4ª e 5ª reimpressões — 2008; 6ª reimpressão — 2009; 2ª edição — 2009; 1ª e 2ª reimpressões — 2009; 3ª e 4ª reimpressões — 2010; 5ª e 6ª reimpressões — 2011.
Revisão de originais: Claudia Martinelli Gama
Editoração eletrônica: FA Editoração Eletrônica
Revisão: Aleidis de Beltran e Andréa Bivar
Capa: aspecto:design
Ilustração de capa: André Bethlem

Carvalhal, Eugenio
Negociação e administração de conflitos / Eugenio do Carvalhal, Antônio André Neto, Gersem Martins de Andrade, João Vieira de Araújo. 2 ed. — Rio de Janeiro : Editora FGV, 2009.
184 p. — (Gerenciamento de projetos)

Acima do título: Publicações FGV Management.
Inclui bibliografia.

1. Negociação. 2. Conflito — Administração. I. André Neto, Antônio. II. Andrade, Gersem Martins de. III. Araújo, João Vieira de. IV. FGV Management. V. Fundação Getulio Vargas. VI. Título. VII. Série.
CDD — 658.3145

Aos nossos alunos, aos nossos colegas docentes e aos negociadores experientes, que nos ensinam a sermos humildes no processo de aprendizagem em negociação, considerando cada interação uma nova fonte de conhecimento.

Sumário

Apresentação

Este livro compõe as Publicações FGV Management, programa de educação continuada da Fundação Getulio Vargas (FGV).

Instituição de direito privado com mais de meio século de existência, a FGV vem gerando conhecimento por meio da pesquisa, transmitindo informações e formando habilidades por meio da educação, prestando assistência técnica às organizações e contribuindo para um Brasil sustentável e competitivo no cenário internacional.

A estrutura acadêmica da FGV é composta por oito escolas e institutos: a Escola Brasileira de Administração Pública e de Empresas (Ebape), dirigida pelo professor Flavio Carvalho de Vasconcelos; a Escola de Administração de Empresas de São Paulo (Eaesp), dirigida pela professora Maria Tereza Leme Fleury; a Escola de Pós-Graduação em Economia (EPGE), dirigida pelo professor Renato Fragelli Cardoso; o Centro de Pesquisa e Documentação de História Contemporânea do Brasil (Cpdoc), dirigido pelo professor Celso Castro; a Escola de Direito de São Paulo (Direito GV), dirigida pelo professor Ary Oswaldo Mattos Filho; a Escola de Direito do Rio de Janeiro (Direito Rio), dirigida pelo professor Joaquim Falcão; a Escola de Economia de São Paulo (Eesp), dirigida pelo professor Yoshiaki Nakano; o Instituto Brasileiro de Economia (Ibre), dirigido pelo professor Luiz Guilherme Schymura de Oliveira. São diversas unidades com a marca FGV, trabalhando com a mesma filosofia: gerar e disseminar o conhecimento pelo país.

Dentro de suas áreas específicas de conhecimento, cada escola é responsável pela criação e elaboração dos cursos oferecidos pelo Instituto de Desenvolvimento Educacional (IDE), criado em 2003 com o objetivo de coordenar e gerenciar uma rede de distribuição única para os produtos e serviços educacionais da FGV, por meio de suas escolas. Dirigido pelo professor Clovis de Faro e contando com a direção acadêmica do professor Carlos Osmar Bertero, o IDE engloba o programa FGV Management e sua rede conveniada, distribuída em todo o país (ver www.fgv.br/fgvmanagement), o programa de ensino a distância FGV Online (ver www.fgv.br/fgvonline), a Central de Qualidade e Inteligência de Negócios e o Programa de Cursos In Company. Por meio de seus programas, o IDE desenvolve soluções em educação presencial e a distância e em treinamento corporativo customizado, prestando apoio efetivo à rede FGV, de acordo com os padrões de excelência da instituição.

Este livro representa mais um esforço da FGV em socializar seu aprendizado e suas conquistas. Ele é escrito por professores do FGV Management, profissionais de reconhecida competência acadêmica e prática, o que torna possível atender às demandas do mercado, tendo como suporte sólida fundamentação teórica.

A FGV espera, com mais essa iniciativa, oferecer a estudantes, gestores, técnicos — a todos, enfim, que têm internalizado o conceito de educação continuada, tão relevante nesta era do conhecimento — insumos que, agregados às suas práticas, possam contribuir para sua especialização, atualização e aperfeiçoamento.

Clovis de Faro
Diretor do Instituto de Desenvolvimento Educacional

Ricardo Spinelli de Carvalho
Diretor Executivo do FGV Management

Sylvia Constant Vergara
Coordenadora das Publicações FGV Management

Introdução

A negociação está presente de forma intensa na vida contemporânea. Ao negociar, envolvemo-nos em trocas, concessões e barganhas, nas quais as questões substantivas em jogo estão colocando em risco as relações e criando oportunidades para os relacionamentos.

Competir ou colaborar está entre os principais dilemas presentes nas negociações. No sentido de abordar essas questões, os estudos sobre negociação e administração de conflitos têm gerado, como resultados, uma grande quantidade de produtos de natureza acadêmica e prática. Pesquisadores e estudiosos têm procurado compreender a natureza dos processos associados às mais diversas negociações e às formas de abordar conflitos.

Entre os mais importantes objetivos dos estudos de negociação, estão os que buscam identificá-la como instrumento gerencial essencial e, por isso, precisam apoiar-se nos principais tipos e modelos de negociação. Para atender a esses objetivos, é necessário conhecer as características do bom negociador e como essa pessoa, aprendiz e mestre, aplica suas práticas em planos nos quais os aspectos relacionais e substantivos se manifestam.

Para obter êxito nas negociações, é fundamental, entre outras, a capacidade de planejar e organizar, comunicar-se e estabelecer vínculos baseados na credibilidade. Nas negociações positivas, as estratégias e táticas articulam o uso da informação, do tempo e do poder de forma a buscar maximizar os relacionamentos e os resultados.

Como decorrência da conexão do tema com praticamente todos os aspectos das relações sociais, os estudos sobre negociações e administração de conflitos têm sido tratados de diversas óticas, apoiadas numa grande diversidade de disciplinas.

Nos ambientes onde a atividade do gestor — líder ou administrador — se desenvolve, quer seja no contexto intraorganizacional, nas relações com subordinados, pares ou superiores, quer no contexto interorganizacional, nas relações com fornecedores ou clientes, na execução de projetos, nas fronteiras nas quais a interdependência cultural está presente, ou ainda no contexto no qual aliados e concorrentes atuam, os dilemas associados a construir valor ou reivindicar valor normalmente estão presentes. Estamos sentados a uma grande mesa de negociações.

Se gerenciar é administrar e liderar, podemos considerar que a negociação é um instrumento inseparável do cotidiano dos gestores, sejam eles dirigentes detentores de um cargo ou líderes de equipes e projetos, atuando no campo dos processos ou das pessoas. A transformação de problemas e conflitos, potenciais ou reais, em problemas resolvidos, atenuados ou solucionados, assim como o aproveitamento de oportunidades em estado latente, por meio da construção de alianças temporárias ou estáveis, fazem parte do núcleo da missão gerencial.

A complexidade econômica e empresarial exige que sejam adicionadas técnicas de gerenciamento de projetos ao conjunto dos instrumentos de gestão. Cada vez mais os projetos fazem parte do cotidiano organizacional. No decurso do ciclo de vida de qualquer projeto, considerando suas fases e estágios até a disponibilidade final do seu produto, uma grande diversidade de negociações é realizada e muitos conflitos precisam ser abordados.

Nos projetos, as negociações mais relevantes são associadas a uma diversidade de aspectos: natureza do projeto, escopo, tempo e cronogramas; partes envolvidas, conhecimentos necessários, níveis de proficiência requeridos; investimentos, riscos e oportunidades, recursos físicos e logísticos, hardware, software; recrutamento e seleção, arquitetura das equipes e forma de gestão, processo decisório; níveis de qualidade de serviços; contratos, aditivos e critérios para dirimir conflitos; documentação, forma de acompanhamento e *checklists*; além das diversas renegociações necessárias para que o projeto avance.

Para discutir essas questões, elaboramos este livro. Ele está dividido em quatro capítulos, além da conclusão e de um apêndice, com quatro casos desenvolvidos pelos autores a partir de referências reais por eles vividas.

O primeiro capítulo apresenta um sumário dos quatro casos, discorre sobre as principais correntes de abordagem e destaca elementos conceituais do modelo mental dos negociadores, relevantes à compreensão do processo. Para isso, propositalmente, o texto aborda as principais idéias-chave, apresentando-as numa ordem tal que permita sua posterior integração.

O segundo capítulo aborda os aspectos relacionais envolvidos nas negociações, com destaque para comportamentos e práticas adotados pelos negociadores, buscando instigá-los a perceber melhor as pessoas, suas ações e reações em contextos de negociação. Destaca a apresentação de duas pesquisas realizadas com negociadores brasileiros, sobre as características mais importantes e práticas mais frequentes por eles utilizadas nas suas negociações.

O terceiro capítulo descreve os aspectos substantivos envolvidos nas negociações, associados ao conteúdo e aos resultados desejados, que são determinantes para qualificar e quantificar o que as partes esperam obter ao final do processo de negociação, apresentando exemplos e ilustrações de como esses aspectos se manifestam em situações reais.

O quarto capítulo busca estimular uma reflexão crítica sobre os aspectos práticos que favorecem as negociações e a administração de conflitos. O texto é enriquecido com conhecimentos provenientes de diversas áreas, assim como conhecimentos adquiridos por meio de experiências pessoais dos autores.

Esta edição incorpora os aspectos revisados do *PMBOK Guide* (2008) que dizem respeito à negociação e administração de conflitos, especialmente os que enfatizam a importância da identificação dos *stakeholders*, ou seja, das partes que afetam ou são afetadas pelos processos de negociação no contexto dos projetos.

1 Aspectos conceituais associados aos processos de negociação e de administração de conflitos

Este capítulo se propõe a apresentar os principais desafios associados ao ambiente de negócios e evidenciar a necessidade da ampliação de conhecimentos sobre negociação e administração de conflitos. Apresenta as principais correntes de abordagem e destaca os aspectos conceituais relevantes à compreensão dos modelos mentais presentes no contexto das negociações. Uma vez que o dilema entre as ações destinadas a construir valor e a reivindicar valor está sempre presente, o texto visa instigar a reflexão sobre as abordagens orientadas para maximizar resultados e relacionamentos em situações nas quais se manifestam antagonismos e convergências.

Teoria e prática

Lidar com as questões práticas e dispor de uma boa base teórica são aspectos complementares no campo do conhecimento aplicado. Fundamentar as ações com referências estruturadas ajuda o negociador a apropriar-se da utilidade de cada caso e projetá-la para outras situações. Nesse sentido, teoria e prática precisam evoluir juntas no contexto das negociações.

Casos de negociação

Aprender com a prática é uma das formas pelas quais os negociadores evoluem, nesse processo de aprendizagem que nunca se esgota. Por esse motivo, utilizamos casos desenvolvidos pelos autores com base em situações reais, como referência para a abordagem do tema. São eles:

- caso da aquisição de uma empresa no exterior — Caso Aquisição;
- caso da companhia de projetos — Caso Cope;
- caso do risco político — Caso Dryland;
- caso da usina hidrelétrica — Caso UHE.

Os quatro casos serão comentados ao longo do livro, servindo para ilustrar conceitos, apontar detalhes e destacar cuidados que o negociador deve tomar para otimizar suas intervenções.

Caso da aquisição de empresa no exterior — Caso Aquisição

A aquisição de uma empresa concorrente nos Estados Unidos, por uma grande empresa brasileira, é um projeto complexo, no qual tanto bens tangíveis, como instalações físicas da empresa, quanto bens intangíveis, como sua marca e o conceito que tem no mercado, estão em negociação. Para a aquisição, a empresa brasileira escolhe uma equipe multidisciplinar entre seus executivos e contrata uma consultoria norte-americana, com o objetivo de identificar, entre todas as possibilidades, a empresa que melhor atende a seus pré-requisitos para a aquisição e, assim, estabelecer-se no mercado dos Estados Unidos. Uma empresa foi escolhida entre cerca de 50 analisadas. Deu-se, então, início ao pro-

continua

cesso de negociação, procurando criar o máximo de valor e sinergia entre as partes envolvidas, pois o objetivo era manter o proprietário e executivo principal à frente da empresa, agora na posição de presidente e não mais de dono.

Questões sobre o caso

- Como o planejamento do processo de negociação facilitou a aquisição?
- Que tipo de estratégia de negociação a empresa norte-americana conseguiu usar para fazer a empresa brasileira aumentar sua proposta original?
- Como a empresa brasileira garantiu que os aspectos substantivos da negociação fossem de fato alcançados na conclusão do processo?

Caso da companhia de projetos — Caso Cope

Uma grande empresa fornecedora de sistemas de computação (TEC), uma distribuidora da TEC (Intersis) e uma empresa de projetos de engenharia (Cope) estão em meio a um processo de negociação que envolve hardware e software necessários para atender demandas da Cope. A TEC vendeu à Cope, através da Intersis, uma solução de tecnologia de informação. A Cope está insatisfeita em relação a aspectos importantes do sistema e reluta em informar sobre a forma de pagamento da parcela principal. A TEC cobra uma definição sobre esta informação. O cronograma de implantação está atrasado. A negociação a ser realizada entre representantes da TEC, Intersis e Cope poderá ter impacto no fluxo de caixa e nos cronogramas de trabalho das partes envolvidas.

Questões sobre o caso

- Quais são as partes envolvidas — os *stakeholders*?
- Qual é o objeto e qual é o contexto?
- Quais são as necessidades das partes e seus objetivos?
- Que posicionamento estratégico de cada parte poderá levá-las mais próximo do resultado ótimo?

continua

Caso do risco político – Caso Dryland

Estamos no futuro, em Dryland, país pobre cujos recursos de água potável (*commodity* escassa e muito valiosa nesta época) estão sendo explorados pela multinacional externa Watoilgas Inc., após vultosos investimentos de exploração e produção. Esses projetos são de alto risco e Dryland precisa do investimento e da tecnologia de empresas como a Watoilgas. Forças oposicionistas pretendem tomar o poder e, se forem bem-sucedidas, tencionam reivindicar a titularidade plena dos recursos hídricos e a estatização das empresas exploradoras. Existe a possibilidade, caso isso ocorra, de modificação nas leis, afetando contratos já firmados com o governo. A economicidade dos projetos poderá sofrer severas alterações, talvez até inviabilizá-los.

Questões sobre o caso

- O que pode suceder se o governo de Dryland puder modificar, a seu bel-prazer, acordos e termos de acordos firmados com a indústria?
- O que pode fazer a indústria, caso tal situação venha a se configurar?
- Como você se prepararia para negociar com um novo governo modificações contratuais que este pretende impor e que vão de encontro a acordos firmados anteriormente?

Caso da usina hidrelétrica – Caso UHE

Para atender a crescente necessidade de utilização da energia elétrica, um novo empreendimento de geração será implantado. A formação do futuro reservatório da usina hidrelétrica (UHE) acarretará o alagamento de áreas rurais e o deslocamento da população. O órgão regulador pressiona a UHE para que o empreendimento seja entregue no prazo. A gerência do projeto precisa fazer um acordo rápido com três proprietários rurais, com interesses distintos, situados na área onde será instalado o canteiro de obras. A negociação a ser realizada servirá de paradigma para todas as outras futuras 2 mil negociações com proprietários atingidos.

continua

Questões sobre o caso

- Que posição a gerência do projeto deve adotar na negociação, sabendo que a posição dos demais 2 mil proprietários fica fortalecida pela precedência da negociação com os três proprietários?
- Como a gerência do projeto pode atender às diferentes necessidades/desejos de três proprietários, sem comprometer a viabilidade econômica do empreendimento com as demais negociações?
- Como a gerência do projeto deve proceder para construir o consenso com a população e que critérios podem ser apresentados para legitimar as propostas?

Os casos aqui sumariados são apresentados de forma detalhada no apêndice.

Construir valor ou reivindicar valor?

Em cada um dos casos de negociação, os negociadores encontram dilemas, encruzilhadas, caminhos diversos, cujas vantagens e desvantagens precisam ser consideradas. Questões precisam ser analisadas e respondidas no curto espaço de tempo de que os negociadores normalmente dispõem. Competir ou colaborar em torno do que está em jogo — do que tem valor para as partes — está entre os principais dilemas presentes nas negociações. É tão antigo quanto a noção que o ser humano tem de si mesmo que negociar envolve tratar de interesses antagônicos e comuns em torno do que é valorizado, resolver conflitos e aproveitar oportunidades. Para Lax e Sebenius (1986:30), é essencial agir considerando essas tensões:

> Uma análise mais profunda mostra que os elementos competitivos e cooperativos estão intimamente interligados. Na prática, eles não podem ser separados. Esse vínculo é fundamentalmente importante para analisar, estruturar e conduzir as

negociações. Existe uma tensão central e inescapável entre estabelecer movimentos cooperativos para criar valor juntamente com movimentos competitivos para ganhar vantagens individuais. Essa tensão afeta virtualmente todas as escolhas estratégicas e táticas. Os analistas devem entender essa tensão, os negociadores devem administrá-la.

As tensões decorrem da expectativa do envolvimento das pessoas em situações conflituosas e fazem parte do cotidiano, estando presentes em todos os aspectos da vida social, política e econômica de indivíduos, grupos, comunidades, organizações e nações.

Porém, nem sempre antagonismos, diferenças e discordâncias são sinônimos de incompatibilidade. Para Maria Tereza Maldonado (2008:45),

> O bom conflito é uma ideia estranha para a maioria. No entanto, é possível considerar o conflito até mesmo como necessário para o funcionamento saudável de grupos sociais, porque oferece oportunidades de encontrar caminhos construtivos para equilibrar a satisfação das necessidades das várias partes envolvidas.

A forma como as pessoas lidam com o conflito é que faz a diferença.

Conflitos: tipos, causas e formas de intervir

Quais são os tipos de conflitos? Quais as condições e causas que os antecedem? De que forma o negociador pode atuar para aumentar as possibilidades de êxito de sua intervenção?

Tipos de conflitos

Pelo fato de se referirem à esfera de atuação do sujeito, os mais importantes tipos de conflitos que impactam as relações organizacionais são: intrapessoais, interpessoais, intergrupais e interorganizacionais. Os conflitos objeto de abordagem cotidiana de gerentes, administradores e líderes de projetos e nas relações organizacionais são os *interpessoais* e *intergrupais*. No primeiro tipo, o perfil comportamental dos protagonistas tem um peso importante. No segundo tipo, o pano de fundo ambiental no qual os conflitos organizacionais se desenrolarão cria referências próprias, associadas à cultura e ao momento político da organização, que precisam ser consideradas.

No caso UHE, se o gerente fizer uso de estereótipos que podem ser ambíguos e preconceituosos em relação aos proprietários rurais, os *conflitos intrapessoais* poderão causar conflitos entre o que dele se espera e o seu real desempenho.

O governo de Dryland, ao modificar acordos e termos de acordos firmados com a indústria, afetará a credibilidade e, se isso ocorrer de forma sistemática, irá deteriorar as relações com os investidores, gerando *conflitos interorganizacionais*.

Os conflitos *intrapessoais* e os *interorganizacionais* têm uma natureza mais complexa porque envolvem múltiplas variáveis: os primeiros, de ordem psicológica e de princípios; os segundos, de ordem sociocultural, geopolítica e econômica, entre outras.

Em nossa abordagem dos conflitos organizacionais, destacamos os aspectos mais importantes relacionados aos conflitos *interpessoais* e *intergrupais*.

Um especialista e seu gerente têm percepções e opiniões diferentes sobre como conduzir um projeto no que diz respeito à qualidade, prazos e formas de orientar a equipe. Surgem resistências de ambas as partes e *conflitos interpessoais* poderão afetar o trabalho a ser feito de forma interdependente.

O pessoal de vendas faz uma campanha para aumentá-las e tem sucesso. Como recompensa, ganha comissões e prêmios. As vendas adicionais requerem trabalho extra do pessoal de produção, que também espera reconhecimento da direção. A insensibilidade da direção poderá incentivar a ocorrência de *conflitos intergrupais*.

As causas e os efeitos precisam ser compreendidos para que as intervenções deliberadas do negociador produzam melhores resultados.

Condições antecedentes: como nascem os conflitos nas organizações

Existem certas condições antecedentes nas organizações que propiciam os conflitos e são inerentes à sua natureza. A figura 1 representa um modelo de conflito intergrupal no qual três condições antecedentes principais tendem a criar percepções de conflito entre indivíduos e grupos, que, por sua vez, podem levar efetivamente ao conflito. O conflito conduz a consequências que podem ser positivas e negativas, influenciando as percepções que desencadearam o conflito em primeira instância.

Figura 1

MODELO DE CONFLITO INTERGRUPAL

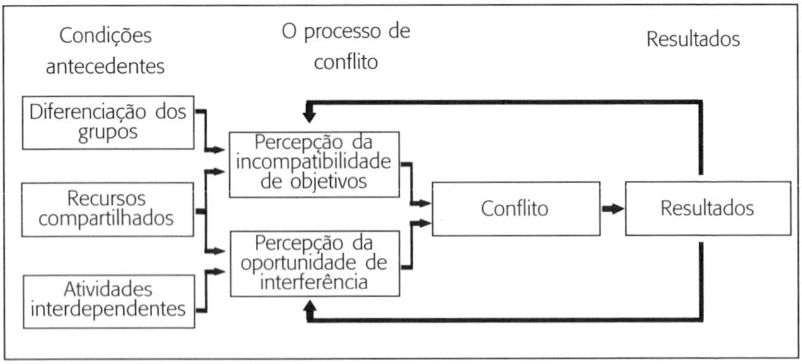

Fonte: Adaptada de Schmidt e Kochan (1972).

Três condições antecedentes são, em geral, encontradas na maioria das organizações. A primeira condição é a *diferenciação dos grupos*. Conforme crescem, as organizações tornam-se mais complexas, desenvolvem áreas e grupos específicos. Os grupos se especializam, porque é mais eficiente, por exemplo, um grupo se ocupar da parte financeira, outro da parte técnica e outro das aquisições em um projeto. Isso é normalmente mais eficaz do que todos se preocuparem com tudo. O pessoal de marketing pode tornar-se especialista em vendas e em criar relacionamento com clientes (vendedores), enquanto o pessoal de controle pode aprofundar-se em análise de informações e custos (contadores).

A ideia de se criarem grupos especializados tem sentido dentro dos projetos de trabalho e funcionamento de grupos. Entretanto, uma consequência da especialização é que, com o tempo, grupos que realizam tarefas diferentes e se relacionam com o ambiente começam a desenvolver maneiras únicas de pensar sobre o mundo. Eles passam a ter seu próprio jargão, objetivos e modos de trabalhar. Por isso tendem a desenvolver uma visão singular sobre as suas demandas e uma visão estereotipada sobre as demais. Esse processo de desenvolvimento de uma perspectiva específica como resultado da especialização é causa da diferenciação.

Uma segunda condição é que os recursos disponíveis para os grupos geralmente são limitados. A qualquer tempo, situações excepcionais podem gerar mudanças na alocação de recursos. O resultado é que, se um grupo pleitear aumento de seus recursos, outro terá de abrir mão de uma parte dos recursos de que dispõe ou perdê-los. Isso tende a acirrar a percepção de objetivos diferentes e até incompatíveis, mesmo tendo como pressuposto o seu *compartilhamento nas organizações*.

A terceira condição é que os indivíduos e grupos em uma mesma organização são dependentes uns dos outros para desempenhar suas atividades. A *interdependência* existe onde um grupo não pode realizar o seu trabalho, a menos que outro realize o seu. Por exemplo, o departamento de produção não pode começar a produzir até que receba os pedidos que são especificados pela administração de vendas. Do mesmo modo, o grupo de distribuição não pode entregar os pedidos aos clientes até que a produção termine o seu trabalho. Todos os grupos da organização são interdependentes de alguma forma, mesmo que levemente. Quando os grupos se tornam altamente interdependentes, surgem oportunidades para que um grupo auxilie ou prejudique o trabalho dos demais.

Diferenças de visão, objetivos incompatíveis, escassez de recursos, interdependência e oportunidade para interferência tendem, entre outros fatores, a conduzir ao conflito, ou seja, um processo onde indivíduos ou grupos tentam viabilizar seus próprios interesses por meio da interferência deliberada nos interesses de outros. Essas tendências a agir com base em diferentes motivos são decorrentes de diferentes causas que precisam ser identificadas.

Causas reais e causas emocionais

Uma distinção importante é caracterizar o que são conflitos com causas *reais* e com causas *emocionais*. Segundo Richard Walton (1972), os conflitos com causas *reais* envolvem divergências acerca de políticas, normas, prioridades, recursos, papéis e relações formais entre as partes. Os conflitos com causas *emocionais* compreendem sentimentos negativos entre as partes, como os de desconfiança, desprezo, ressentimento, medo, rejeição... A distinção entre esses dois tipos de conflito é importante, pois será fator determinante para orientar a intervenção. O conflito baseado em causas reais exige negociações e soluções de problemas pelos participantes e até mesmo intervenções de terceiras partes neutras.

O conflito oriundo de causas emocionais exige a reestruturação das percepções das partes e o tratamento dos sentimentos existentes, além de intervenções cuidadosas de uma terceira parte habilitada. Entre os aspectos mais importantes para orientar a abordagem de situações de conflito, está a antevisão das implicações e das consequências de um conflito não controlado.

Em primeiro lugar, é necessário avaliar a magnitude dos custos envolvidos. São superiores aos benefícios? Justificam os custos dos esforços destinados à solução do conflito?

Em segundo lugar, é fundamental avaliar as consequências específicas de um conflito permanente, para compreender se ele tende a diminuir, intensificar-se ou manter-se estabilizado. Depois de feita a avaliação da situação de conflito, o mediador e uma ou ambas as partes deverão procurar conhecer as causas que levaram à quebra da estabilidade.

Formas de intervir

Além da negociação propriamente dita, que, como processo e forma de resolver conflitos, visa compatibilizar interesses das partes pela via direta, a *mediação* e a *conciliação* são métodos alternativos de resolução de conflitos que fazem uso de terceiras partes. A mediação e a conciliação também fazem uso da negociação para viabilizar os resultados desejados, e estão entre os métodos alternativos de resolução de conflitos.

A *mediação* é um processo de autocomposição das controvérsias, usada quando as partes esgotam a negociação direta. Nessa situação, pode ser útil a ação de um terceiro como facilitador. Por meio de uma série de procedimentos específicos, o mediador estabelece um relacionamento funcional, identifica os interesses das partes, constrói em conjunto de alternativas de solução e estimula as partes a encontrarem as soluções mais adequadas.

A *conciliação*, como abordagem alternativa, requer do conciliador um conjunto de habilidades de investigação e de ouvinte. A imparcialidade é necessária para que, sem coagir as vontades das partes, o terceiro as convença das vantagens de alcançarem um acordo que, mesmo não sendo totalmente satisfatório, poderá limitar o conflito e minimizar perdas.

Três formas de administrar conflitos

Três formas de intervir visando administrar conflitos são utilizadas de maneira corrente. A primeira é impedir que o conflito ocorra, ou mantê-lo dentro de limites, modificando as condições antecedentes que o produzem. Essa é a forma *estrutural* para a administração de conflitos. A segunda, chamada de intervenção no *processo*, envolve ações durante o episódio de conflito, ao invés de mudança nas condições antecedentes. A terceira forma envolve o uso de intervenções tanto estruturais quanto de processo e é chamada de *abordagem mista*. Para cada uma dessas três categorias — estrutural, processo e mista —, há uma série de instrumentos e técnicas específicas.

Intervenção estrutural — conflitos de causa real

O conflito surge de percepções criadas pelas condições antecedentes de diferenciação entre as partes e a intervenção envolve a tentativa de modificar essas condições. As ações gerais são:

- *encontrar objetivos comuns* — minimizando as diferenças, identificando objetivos que possam ser partilhados entre as partes;

- *criar sistemas de recompensa* — identificando incentivos ou recompensas para reconhecer o resultado do desempenho conjunto das partes;
- *reagrupar* — reorganizando os membros dos grupos em conflito, de modo que se tornem parte de uma unidade maior;
- *estimular a rotação* — transferindo membros de grupos em conflito, de forma a mudar a ótica e a perspectiva de avaliação;
- *separar* — reduzindo a interdependência e a probabilidade de conflito entre as partes.

Intervenção no processo – conflitos de causa emocional

Envolve a intervenção no episódio do conflito para modificar o processo, buscando influenciar, passo a passo, o comportamento das partes. As ações gerais são:

- *desativar* — estimulando atitudes inesperadas ou imprevisíveis de cooperação que tendem a causar um impacto positivo e desencadear a cooperação da outra parte, reduzindo gradativamente o conflito;
- *confrontar* — facilitando o posicionamento face a face para ajudar a filtrar as emoções e identificar pontos comuns. Negociar percepções ajuda a buscar a raiz dos antagonismos;
- *colaborar* — criando situações para as partes trabalharem juntas na identificação de soluções;
- *mediar* — destacando ganhos comuns para que as partes vislumbrem motivos para buscar um acordo, o que requer a intercessão de uma terceira parte para iniciar e garantir a continuidade da comunicação.

Intervenção mista – conflitos de causa mista

Além das ações mencionadas, outras ainda poderão ser utilizadas nos conflitos de causa mista:

- *estabelecer regras* — especificando os procedimentos e limites para *trabalhar* o conflito;
- *organizar grupos de trabalho* — estabelecendo equipes ou grupos maiores e multidisciplinares, para ampliar os objetivos de grupos que poderiam entrar em conflito ao trabalharem juntos sem auxílio. É um reagrupamento temporário;
- *criar papéis de ligação* — utilizando os serviços de terceiras partes intraorganizacionais disponíveis a qualquer momento, para ajudar no processo de comunicação;
- *atribuir papéis integradores* — visando delegar funções integradoras a indivíduos, solicitando que coordenem esforços e ajudem a solucionar conflitos entre grupos.

As *intervenções estruturais* são, geralmente, mais fáceis de realizar e exigem menor grau de habilidade do que as de processo; elas lidam com os antecedentes do conflito, e mudanças estruturais podem impedir que ocorram conflitos destrutivos. As *intervenções no processo* exigem grande habilidade e conhecimento do comportamento humano. As *intervenções mistas* requerem sempre razoáveis incursões no campo das emoções, percepções e sentimentos.

A forma de orientar o ensino e a aprendizagem a respeito de como intervir nos conflitos e conduzir negociações tem dividido os especialistas em algumas abordagens mais importantes.

Abordagens de negociação

As abordagens de negociação podem ser de natureza teórica ou prática. Veja a seguir.

Abordagens teóricas fundamentais

Apoiados em abrangente estudo sobre a literatura interdisciplinar associada às negociações, que analisou trabalhos das áreas de negócios, economia, educação, assuntos internacionais e diplomacia, relações trabalhistas, matemática, medicina, psicologia e sociologia, Kemper e Kemper (1994) classificaram as abordagens teóricas de negociação em nove categorias mais importantes: estratégicas (estratégias dos jogadores); conhecimento do processo de aprendizagem; processo de tomada de decisão; psicológicas e sociológicas; prescritivas (o que deve ser feito); descritivas (características dos negociadores); teoria dos jogos; comunicação; negociação coletiva.

As abordagens prescritivas e descritivas, por serem as mais frequentemente adotadas no campo prático, são destacadas por especialistas, e aqui Howard Raiffa enfatiza que tomar decisões é um dos principais desafios dos negociadores e, por isso, eles precisam de bases para perceber o *ser* e o *dever ser* na situação que se apresenta:

> Os teóricos contemplam esses problemas de identificação de riscos através de dois conjuntos de lentes. Os *descritivos* examinam a forma como as pessoas de carne e osso na realidade analisam (ou não analisam) essas escolhas arriscadas, a forma como realmente se comportam, como pensam, como racionalizam suas escolhas. Aos *prescritivos* interessa a forma como as pessoas deveriam comportar-se, mais do que a forma como o fazem. Seu objetivo é guiar o perplexo tomador de decisões para que escolha uma ação que resulte congruente com as crenças e valores "verdadeiros" do tomador de decisões. Os *prescritivos* fazem análises para ajudar a decidir uma escolha a ser feita; os *descritivos* fazem análises para ajudar a entender como se chega a uma escolha.
>
> (Raiffa, 1991:27-31)

Foco da abordagem prescritiva

Pesquisadores e consultores[1] desenvolvem as melhores prescrições para que os negociadores atuem de acordo com o estado-da-arte. A essência do processo de negociação sugere que, sempre que possível, devem ser buscados ganhos mútuos e, quando ocorrerem conflitos de interesses, deve-se insistir em que o resultado precisa ser baseado em critérios justos, independentemente da vontade das partes. Normalmente, fazem uso de prescrições passo a passo.

Esse foco oferece aos negociadores orientações sobre o que deve ser feito em situações usuais, visando adotar procedimentos já testados em situações similares. As *prescrições* orientam a implementação de ações rápidas, porém devem ser usadas com cuidado, pois o que vale para uma situação pode não ser aplicável em outra.

Foco da abordagem descritiva

Essa abordagem visa transmitir uma descrição detalhada de como negociadores atuam em situações reais. São exploradas as características de negociadores na perspectiva de sua eficácia. As descrições são baseadas na compreensão dos comportamentos e vivências de negociadores, sua intuição, julgamento e estilos. Esses comportamentos conhecidos e praticados, quando compreendidos na sua estrutura, ajudam os negociadores a ajustá-los às situações particulares. A abordagem descritiva não insiste em dizer o que deve ser feito, mas dá informações de-

[1] Entre as mais conhecidas abordagens prescritivas, destacam-se as difundidas por Gerard Nierenberg, fundador do Negotiation Institute of New York City, Roger Fisher, William Ury, Bruce Patton, Scott Brown e Daniel Shapiro, entre outros do Harvard Negotiation Project, e Chester Karrass.

talhadas dos padrões de negociações que contribuem para aumentar a eficácia situacional.[2]

Esse foco oferece aos negociadores modelos mentais de referência que os ajudam a tomar decisões rápidas sob pressão e incerteza. Os *modelos descritivos* permitem que o negociador possa ajustar suas intervenções em função de cada contexto. São fruto de um conhecimento sistêmico, que exige maior dedicação na aprendizagem.

Os tipos de abordagem prática

Em uma negociação, os negociadores podem adotar diferentes abordagens práticas. As mais importantes são as de natureza integrativa e as de natureza distributiva.

As *abordagens integrativas*, destinadas a criar valor, são baseadas em comportamentos abertos, estimuladores do compartilhamento de informações e da revelação mútua de percepções sobre preferências e implicações das ações, num clima harmônico. No Caso Cope, as partes envolvidas no projeto buscam maximizar o êxito do empreendimento. As contribuições adicionam valor ao projeto, especialmente em momentos iniciais de sua elaboração, visando "aumentar o tamanho do bolo". Há uma expectativa de que o acordo favoreça a sinergia entre as partes.

As *abordagens distributivas*, orientadas para reivindicar valor, tratam a informação como recurso de troca; escondem ou dissimulam as preferências das partes e os seus pressupostos, manipulam acordos e contratos por meio de comportamentos baseados na cautela. Cada uma dessas opções orienta escolhas de

[2] Entre as mais destacadas abordagens descritivas, ressaltam as difundidas por Neil Rackham, do Grupo de Pesquisas de Huthwaite, David Berlew, Roger Harrison e Irwin Rubin, do Situation Management Systems, Deborah Kolb e John Hammond.

posicionamentos estratégicos e de movimentos táticos. No Caso Aquisição, a empresa estabeleceu um limite de até US$ 30 milhões para comprar o controle de uma empresa norte-americana. Em algum momento do processo, haverá uma disputa em torno do valor de compra e venda. Esse "jogo de soma zero" implica uma disputa em torno do valor monetário e uma distribuição do que estará em jogo; o valor que um ganhar o outro perderá.

Entre os desafios dos negociadores, especialmente em situações de movimentações rápidas, está o de escolher, entre essas abordagens práticas, aquela que parece ser a mais adequada. Em decorrência das pressões, muitas vezes o negociador carece de tempo para planejar e estruturar uma abordagem de conflitos, ou decidir o que fazer numa negociação em andamento. É justamente nesses momentos que o negociador mais precisa dispor de modelos mentais que o ajudem a decidir, sob pressão e incerteza, de maneira mais racional.

Conceitos fundamentais de negociação

Nas situações críticas, um arcabouço lógico, que possibilite encontrar referências para abordar a questão, contribui para a ação do negociador. Um conceito de negociação deve funcionar como um modelo. Para serem úteis, as definições ou generalizações de ideias precisam fazer sentido; assim, apresentamos seis conceitos de negociação formulados por importantes autores, para, a seguir, destacar os principais aspectos presentes no processo de negociação.

- "Negociação é um processo de comunicação bilateral com o objetivo de se chegar a uma decisão conjunta" (Fisher et al., 1994:50).

Nota-se o destaque da *comunicação* no processo de decisão conjunta, insinuando abordagens integrativas, porém deixando de reconhecer que podem ocorrer influências diversificadas nas negociações multilaterais ou com diversas partes envolvidas.

- "Negociação é o uso da informação e do poder com o fim de influenciar o comportamento dentro de uma 'rede de tensão'" (Cohen, 1980:14).

O autor destaca os *comportamentos de influência* dentro do contexto da comunicação, em diferentes bases de *poder* e de disponibilidade de *informação* (Herb Cohen também aponta o fator *tempo* como um elemento essencial, presente em todas as negociações), insinuando abordagens distributivas, sem referência ao número de partes envolvidas.

- "Cada vez que pessoas trocam ideias com o intuito de modificar suas relações, cada vez que chegam a um acordo, estão negociando. A negociação depende da comunicação, e ocorre entre pessoas que representam a si ou a grupos organizados" (Nierenberg, 1991:16).

Nessa abordagem conceitual, há um destaque para o *intercâmbio de ideias* com o objetivo de afetar o comportamento do outro, visando ao *acordo*, não sugerindo preferências integrativas ou distributivas e caracterizando as *pessoas* como representantes das *partes* envolvidas.

- "Negociação é um processo de **interação potencialmente oportunista**, pelo qual duas ou mais partes, com algum **conflito aparente**, buscam fazer o melhor (**acordo**) através de ações decididas conjuntamente ao invés do que poderia ser feito por outras maneiras" (Lax e Sebenius, 1986:11).

Nessa conceituação, mais elaborada, os autores destacam que o processo não está limitado a intercâmbio comercial, mas pode contribuir para viabilizar *interesses compartilhados*. Os elementos da negociação não são necessariamente fixos, isto é, as partes, questões, interesses, alternativas, crenças, regras e outros podem mudar; e outras abordagens relacionadas à "pura" negociação podem ser usadas, como mediação, arbitragem e tomada de decisão.

- "A situação de negociação é aquela onde duas ou mais partes envolvidas devem tomar uma decisão sobre suas metas e objetivos interdependentes. As partes concordam em adotar meios pacíficos para resolver suas disputas e não há um método ou procedimento claro ou estabelecido para tomar a decisão" (Lewicki et al., 1999:1).

Os autores abordam o conceito a partir das situações que requerem a negociação como processo para levar as partes a acordos aceitáveis.

- "Negociação é um processo em que duas ou mais partes, com interesses comuns e antagônicos, se reúnem para confrontar e discutir propostas explícitas com o objetivo de alcançar um acordo" (Berlew, citado por Carvalhal, 2005:68).

O *processo* é caracterizado por dois elementos fundamentais, *tempo* e *movimento*, pois negociar implica a escolha e utilização de abordagens apropriadas para serem adotadas e a decisão do momento adequado para utilizá-las, visando afetar a *movimentação* das partes ao longo da situação. As *partes*, duas ou mais, são identificadas como *indivíduos* ou *grupos* que decidem ou influem nas decisões. Os *interesses comuns* é que mobilizam as partes para resolver os antagonismos ou conflitos — seus *interesses antagônicos*. As partes, por meio das pessoas que as representam, fazem uso da comunicação, explicitando propostas e confrontando-as, com a finalidade de alcançar *acordos aceitáveis* para os envolvidos.

Uma vez que o negociador tenha uma ideia clara do conceito, é importante aprofundar o entendimento de outros conceitos que compõem o modelo mental do bom negociador, como: necessidades e interesses; objeto e escopo; objetivos e posições; moedas de troca, valores e argumentos; limites, ponto de recuo e Macna. Vejamos cada um deles.

Necessidades e interesses

"A satisfação das *necessidades* motiva praticamente toda conduta humana." A partir desse pressuposto, Nierenberg (1991:93-118) propõe uma teoria das necessidades nas negociações, considerando que, "para se iniciar uma negociação, é preciso pelo menos duas partes motivadas por necessidades". Com apoio no conhecido trabalho de Abraham Maslow (2003) sobre a hierarquia de necessidades, o autor enfatiza que ela proporciona um importante ponto de referência para identificar as necessidades no contexto das negociações. As necessidades fisiológicas, de segurança e proteção, de amor e integração, de estima, de autorrealização, de reconhecimento e de estética mobilizam os indivíduos e, também, organizações e nações.

Utilizando uma linha similar de raciocínio, Fisher, Ury e Patton (1994:58-70) enfatizam que "os interesses mais poderosos são as necessidades humanas básicas". Ao buscar os interesses básicos por trás de uma posição declarada, os autores prescrevem que os negociadores devem procurar os interesses fundamentais que motivam as pessoas.

No contexto das negociações, ao elaborar o planejamento, essas são questões cruciais: quais são as minhas (ou nossas) necessidades? Quais são as necessidades da(s) outra(s) parte(s)? O termo *necessidade* nas negociações assume um significado abrangente, podendo englobar os *interesses*, *desejos*, *paixões* e *temores* das partes.

É unânime a declaração de que a finalidade de partes (indivíduos, grupos, nações) negociarem consiste em atender seus interesses, satisfazer ou, pelo menos, amenizar suas necessidades. Esses fatores mobilizam os negociadores e, na medida de sua intensidade, referem-se aos motivos para que desenvolvam determinadas ações — as motivações das partes — para obter aquilo de que precisam, alcançar o que almejam, suprir o que lhes falta.

Objeto e escopo

O objeto de negociação caracteriza as fronteiras do que está em jogo, o que é considerado importante, o que se tem em vista, o que gera conflitos, o que sugere oportunidades. O objeto pode ser um bem ou um serviço em disputa, seus atributos de qualidade e prazos. O objeto de negociação pode ser o conjunto das regras que irao reger uma relação comercial ou a pauta de uma reunião, definindo a ordem do que será discutido e a sua pertinência; nem sempre é tangível, pode ser uma ideia, um caminho de ação, uma forma de reconhecimento, uma maneira de punir o descumprimento de um contrato, ou um critério para dividir lucros.

Em suma, é em torno do objeto de negociação que as partes manifestam seus interesses e, por isso, elas são mobilizadas a confrontar e discutir propostas explícitas. O que é objeto para uma parte pode não ser para outra, e isso pode gerar conflitos de comunicação nas negociações, especialmente quando o objeto não é mutuamente entendido pelas partes em momentos iniciais do processo. Assim, nas negociações positivas, é fundamental buscar um acordo sobre o objeto da negociação entre as partes. Uma descrição dos antecedentes, uma pauta, uma agenda de temas contribui para caracterizar "em torno do que" as partes estarão deliberando. O objeto de negociação refere-se ao escopo do que está e do que não está em questão.

No contexto de projetos, a negociação do escopo é muito importante, pois caracteriza "a soma dos produtos, serviços e resultados". O escopo de um projeto é "o trabalho que deve ser realizado para entregar um produto com características e funções especificadas" (*PMBOK Guide*, 2004:362). *O escopo é a definição do objeto e suas limitações e determina os objetivos.*

Objetivos e posições

Uma vez definido o objeto, é fundamental explicitar o que se deseja obter da(s) outra(s) parte(s), que compromissos uma parte espera obter da(s) outra(s). O negociador organiza seu planejamento pensando em primeiro lugar em suas necessidades, depois em seus objetivos gerais — se for um comprador: comprar algo. Em seguida, pensará nas opções: comprar parcelado, financiado ou à vista. Depois, tornará tangíveis as opções: se for à vista, que valor? Se for parcelado, como? E se for financiado, quais as condições? Finalmente, estabelecerá, entre as opções, aquelas que mais se aproximam do ideal e as que definem os limites máximos suportáveis.

Os objetivos são caracterizados pela explicitação e tangibilidade (na medida do possível) daquilo que se deseja em relação ao objeto, caracterizando as posições defendidas pelas partes.

As necessidades ou interesses determinam os objetivos. É no nível dos objetivos que normalmente ocorrem os conflitos. Por isso é fundamental dispor de objetivos alternativos ou opções para minimizar a ocorrência de impasses. *Quando as posições das partes são inflexíveis e as partes fixam-se em seus objetivos iniciais, dificilmente os seus interesses serão atendidos e as suas necessidades, satisfeitas.*

Para Fisher, Ury e Patton (1994:60), "a conciliação de interesses, em vez de posições, funciona por dois motivos. Primeiro, porque, para cada interesse, geralmente existem diversas posições possíveis e capazes de satisfazê-lo. (...) E também porque, por trás das posições opostas, há muito mais interesses em comum do que conflitantes".

Moedas de troca, valores e argumentos

Argumentos são decorrentes do raciocínio destinado a provar ou a refutar uma proposição. Por isso a argumentação é essencial ao processo negociador, ora sondando ou perguntando, ora questionando (arguindo) ou dispondo de elementos persuasivos para sustentar um ponto de vista e levar a outra parte a sair de sua posição.

Toda argumentação visa afetar o outro, por isso pressupõe contato intelectual. Argumentos de natureza racional (substantivos), ou emocional (relacionais), precisam ter valor, e é sempre a outra parte quem atribui o valor. A finalidade da argumentação nas negociações é, em síntese, fazer com que a outra parte se movimente, fazendo concessões.

No núcleo da argumentação, os negociadores farão uso de moedas de troca que poderão ser concretas, palpáveis, tangíveis, ou emocionais, ou ainda sentimentais, psicológicas... O dinheiro é a moeda ou o *valor principal* de intercâmbio. *Valores alternativos* substituem ou complementam o valor principal. Essas moedas de troca, como bens, *serviços*, *informações*, *sentimentais* e *psicológicas*, possibilitam saídas para situações críticas, ampliando as opções táticas em todos os estágios da execução.

Limites, pontos de recuo e Macna

Desenvolver alternativas para impasses ou estabelecer os limites para um acordo (máximo ou mínimo), que por algum motivo não poderá ser atingido, é uma tarefa do negociador. Como planejar, a fim de evitar pagar mais por aquilo que deseja, ou receber menos pelo que está oferecendo à outra parte, se comparado com alternativas fora da mesa de negociação?

É no planejamento que é estabelecida uma faixa de resultados, também conhecida por zona de provável acordo ou área de barganha, compreendida entre o desejável e o limite aceitável (mínimo ou máximo) para cada objeto específico que está em jogo. Os *pontos de recuo*, ou *limites de desistência*, são os pontos a partir dos quais se caminha para uma posição na qual as necessidades não serão satisfeitas. Nesse ponto, o melhor é recuar; não vale mais a pena continuar no processo. Para melhorar seus limites, o negociador precisa dispor de alternativas fora da negociação em curso; caso contrário, em muitas circunstâncias, ficará fragilizado, obrigando-se a aceitar o que a outra parte oferece, por falta de opção.

A *melhor alternativa em caso de não acordo* (Macna)[3] é um elemento de grande importância, pois determina quando o negociador deve retirar-se da negociação, e pode ser escolhida com base no princípio de que negociamos para sobreviver, maximizando nossa satisfação. Ou, segundo Fisher, Ury e Patton (1994:120), as pessoas negociam "para produzir algo melhor do que seria possível obter sem negociar". Quando surge uma oportunidade de negociação, surge também a oportunidade de sairmos da inércia e verificarmos qual o nosso estado de satisfação.

Uma ação preventiva durante o planejamento é buscar dispor de alternativas no caso de não se chegar a um acordo dentro

---

[3] No Brasil, o *Batna* (best alternative to a negotiated agreement é uma abordagem original, desenvolvida por Willian Ury, do Grupo de Negociação de Harvard) assume diversas denominações: melhor alternativa ao acordo negociado, ou Maan; melhor alternativa para o acordo negociado, ou Mapan; melhor alternativa para um acordo não alcançado, ou Mapuana, entre outras.

de limites aceitáveis. O negociador construirá sua Macna tendo como referência o(s) limite(s) estabelecido(s) no planejamento. A Macna é dinâmica, ou seja, quando o negociador aumenta ou diminui suas possibilidades de satisfação fora da negociação, a Macna varia e seu ponto de recuo também é alterado no processo.

Ao conseguir identificar outra fonte para satisfazer sua necessidade antes da negociação, o negociador inicia o processo em uma posição de poder mais alta. No planejamento, os negociadores hábeis buscam alternativas, construindo sua Macna. Se as conversações se encaminharem para um não acordo, ou seja, para posições que representem pontos de recuo, eles têm alternativas que melhor atendam suas necessidades.

A Macna é uma importante referência para definir se prosseguimos com a negociação e fechamos o acordo, ou se devemos interromper o processo. Aquele que tem Macna forte pode exigir mais durante a negociação; em contrapartida, quem tem Macna fraca sentir-se-á mais fragilizado e disposto a fazer concessões. A percepção incorreta da Macna pode levar o negociador a firmar um acordo que não lhe maximize o resultado, ou a não fechar um acordo que poderia aumentar seu estado de satisfação.

No caso UHE, a possibilidade de desapropriação das áreas de uma parcela dos proprietários atingidos aumenta a Macna da UHE; já a presença de movimentos sociais organizados aumenta a Macna dos atingidos pelas desapropriações.

As negociações a respeito das desapropriações, que devem desenrolar-se segundo a lógica do desenvolvimento, afetam e são afetadas pelas questões emocionais que mobilizam os proprietários e despertam sentimentos intensos, decorrentes de seu vínculo histórico com suas terras. É impossível desvincular os aspectos relacionais (sentimentos e emoções) dos substantivos (conteúdo e razão) que estão presentes em todas as negociações.

Aspectos relacionais e substantivos

O peso de cada um desses planos do processo é que muda e impõe ao negociador desafios de naturezas diferentes. É uma realidade que

> todo negociador tem dois tipos de interesses: na substância e na relação. Todo negociador quer chegar a um acordo que satisfaça seus interesses substantivos. É por isso que se negocia. Além disso, o negociador também tem interesses em seu relacionamento com o outro lado.
>
> (Fisher, Ury e Patton, 1994:38)

Os desafios são ampliados quando questões relacionais se confundem com as substantivas. Assim, é fundamental desenvolver a habilidade de identificar os planos onde ocorrem os conflitos e de que maneira as abordagens podem ter uma probabilidade maior de êxito.

No Caso Dryland, as forças oposicionistas parecem muito mais interessadas nos aspectos substantivos, colocando num plano secundário o relacionamento com os investidores.

No Caso Cope, as partes têm como desafio buscar a integração entre os envolvidos, visando fortalecer os aspectos relacionais como forma de assegurar a qualidade da implementação do projeto nos seus aspectos substantivos.

A manifestação mais intensa dos aspectos relacionais ou substantivos altera-se no decorrer do processo, por isso compreender a natureza das fases e dos estágios é essencial.

O processo de negociação

A negociação é o processo de buscar um acordo satisfatório para todas as partes envolvidas. Por outro lado, há um deslocamento das posições originais, antagônicas, para posições em que o acordo é possível. O processo de negociação é caracterizado pelo movimento da(s) parte(s) no decorrer do tempo.

Como um processo que ocorre no tempo, as negociações estão associadas a três momentos que identificam suas fases e estágios mais importantes, conforme se pode ver no quadro 1.

Quadro 1

FASES E ESTÁGIOS DO PROCESSO DE NEGOCIAÇÃO

Fases	Estágios
Planejamento	Planejamento Preparação
Execução	Preliminar Abertura Exploração Encerramento
Controle	Controle das condições Avaliação

Fonte: Carvalhal, 2005.

Nas negociações simples, a passagem pelas fases é rápida, muitas vezes imperceptível e apenas intuitiva. Nas negociações complexas, cada fase é detalhada em estágios e cada estágio é trabalhado; há um movimento cíclico, e os negociadores repassam várias vezes pelas fases e estágios até uma finalização, um encerramento, conforme Carvalhal (2005:89-91).

> O *planejamento* proporciona ao negociador uma visão mais clara do cenário que irá encontrar. Contribui, também, para reduzir o grau de ansiedade e insegurança que são geradas por situações novas e desconhecidas.
>
> A *execução*, melhor percebida pela sua segmentação em estágios, permite ao negociador canalizar energias de intensidade e natureza adequadas em cada momento. A organização das possíveis ações táticas permite facilitar a identificação das divergências e buscar espaços para convergências, poupando desgastes desnecessários.

O *controle*, feito de forma sistemática, ajuda a construir os alicerces da credibilidade por meio da implementação dos acordos, assim como, quando feito de forma analítica, consolida o autodesenvolvimento permanente, graças ao aprendizado obtido pela reflexão após cada interação.

O planejamento começa por uma análise ambiental, em que o negociador procurará contextualizar a negociação para a qual se prepara. Nesse momento, entre outras questões a serem respondidas, obrigatoriamente três estarão presentes.

- Quais são as *partes* envolvidas
- Qual é o *objeto* da negociação?
- Quais são as variantes ambientais que afetam esse *contexto* e que favorecem sua contextualização?

Em suma, buscar identificar quais são as partes, o objeto e o contexto é uma tarefa básica e essencial.

Em momentos subsequentes do planejamento, o negociador busca definir a melhor estratégia para a situação que antevê e seus resultados. Ele pensa na espinha dorsal que sustentará suas ações, ou seja, o melhor curso de ação, entre os possíveis, para abordar a situação que se apresenta.

Estratégias e táticas nas negociações

Normalmente, não se altera a estratégia, a não ser que surjam elementos novos que determinem mudanças circunstanciais. A estratégia será viabilizada por meio dos movimentos táticos. A estratégia deverá levar em conta o objeto de negociação, as partes envolvidas, os *stakeholders* ou "fantasmas"; aqueles que participarão no processo efetivamente na mesa de negociação, além de partes que não participam diretamente na mesa e no processo, mas que influenciam ou são afetados pelo seu resultado, pois seus interesses terão de ser atendidos, total ou parcialmente.

A complexidade das negociações aumenta na medida em que mais atores e diversos interesses estejam em jogo; por isso é de fundamental importância dispor de um mapa que identifique as partes envolvidas.

O modelo de partes

O modelo de partes, proposto por Wood e Colosi (1999), considera que o processo de negociação é multidimensional, e sua compreensão ajuda a entender as diversas negociações que ocorrem numa mesma negociação. As quatro dimensões das negociações são: vertical interna, interna, horizontal e vertical externa.

Na *dimensão vertical interna*, com superiores hierárquicos se desenvolve uma negociação para definir níveis de autonomia, estratégia a ser adotada e implicações dos resultados.

A negociação na *dimensão interna* da equipe negociadora, anterior à interação com a outra parte, visa: criar alternativas; definir a estratégia; distribuir papéis; esclarecer a amplitude da autonomia; preparar a agenda e o cronograma; programar interrupções para consultas.

Na *dimensão horizontal*, as partes estarão interagindo. Os intermediários formais e informais têm um papel importante na dimensão horizontal e, quando há suspeita de que possam influenciar o rumo dos resultados, deverão ser tratados como partes diretamente envolvidas.

A *dimensão vertical externa* é aquela que envolve uma busca de autonomia por meio da articulação com as esferas mais altas de poder dentro de uma organização e fora dela.

A conexão entre o objeto de negociação, as partes envolvidas e os interesses em jogo em cada dimensão requer um planejamento estruturado. Ele se inicia nos aspectos mais gerais e se dirige para os mais específicos.

Planejamento e organização

O planejamento, a preparação e a organização contribuem para uma melhor qualidade das negociações, aumentando as probabilidades de acordo, criando condições para se vislumbrarem possibilidades criativas de solução de conflitos e aproveitamento das oportunidades. O planejamento de negociação bem estruturado divide-se em cinco etapas mais importantes: análise ambiental, análise quantitativa, análise qualitativa, planejamento tático e simulação (esta última, no caso de negociações complexas).

Na medida em que o ambiente vai sendo percebido com todas as relações que podem ser feitas com as informações disponíveis, possibilidades estratégicas começam a surgir. Qual será o posicionamento estratégico mais adequado? Que passos táticos reúnem as melhores chances de levar o negociador o mais próximo possível do resultado ótimo?

Posicionamento estratégico e passos táticos

Dispor de um modelo de que caracterize a forma pela qual o negociador pretende abordar o conflito ou a oportunidade contribui para que ele perceba prováveis resultados e futuros episódios de aproximação ou de afastamento.

As principais formas pelas quais os conflitos podem ser abordados são propostas no modelo de posicionamento estratégico apresentado na figura 2.

Figura 2

ALTERNATIVAS DE POSICIONAMENTO ESTRATÉGICO
MATRIZ DE RESOLUÇÃO DE CONFLITOS E NEGOCIAÇÃO

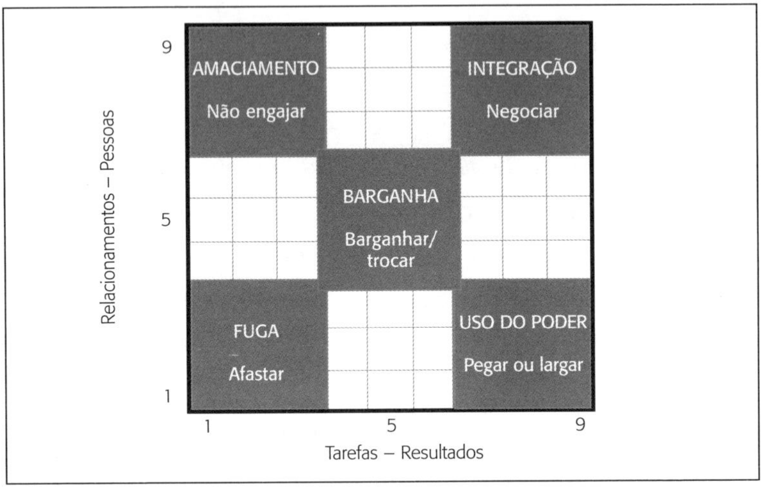

Fonte: Adaptada de Thomas e Kilman (1974) e de Blake e Mouton (1975).

As formas radicais de posicionar-se estrategicamente priorizam as tarefas/resultados (uso do poder) ou as pessoas/relações (amaciamento) em alto grau, de forma mutuamente excludente, e na pior das hipóteses nem tarefas/resultados nem pessoas/relações (fuga).

O posicionamento estratégico integrativo visa ao melhor das tarefas/resultados, baseado num enfoque no qual pessoas/relações têm muita importância.

As formas de abordar conflitos podem configurar-se por meio de inúmeros passos táticos de negociação no decorrer do processo e subordinam-se ao posicionamento estratégico, quando adotados de forma deliberada, segundo um foco predominante. Assim, um negociador pode começar uma interação amaciando uma situação tensa com um movimento tático destinado a diminuir a tensão inicial, porém visando (estrategicamente) um resultado integrativo.

O processo mental dos negociadores pode ser organizado e fortalecido, segundo Carvalhal (2005:129-131), através da compreensão das alternativas de posicionamento estratégico.

1. *Uso do poder (Ganhar/Perder — Dominação/Submissão — Pegar ou Largar).* Ocorre quando uma das partes, para atingir a sua solução preferida, impõe-se sobre a outra, superando a solução desejada por esta, que vê frustradas suas expectativas e perde. Caso não esteja em condições de atingir um resultado completo, cada parte busca aproximar-se, o máximo possível, de seu desfecho preferido, defendendo suas posições ou territórios. As partes mantêm uma situação polarizada e antagônica. As formas de conflito *ganhar/perder* inibem a ocorrência de abordagens que estimulem soluções inovadoras e aceitáveis.
2. *Fuga — Afastamento (Perder/Ganhar — Submissão/Dominação — Afastar).* Consiste em ignorar o conflito, enterrá-lo, afastá-lo ou fugir dele. Esta abordagem passiva evita a interação. As partes impotentes ou omissas frustram-se e amplia-se a intensidade de suas mágoas e ressentimentos, que poderão emergir de forma não controlável. Quem foge, por ter menos poder, pode, de forma sorrateira, futuramente, quando tiver mais poder, retaliar seu opressor.
3. *Amaciamento (Perder/Perder — Acordo/Compromisso — Não Engajar).* Consiste em dar ênfase aos interesses comuns de relacionamento, procurando, deste modo, minimizar as diferenças ou antagonismos existentes entre as partes conflitantes. Muitas vezes constitui-se numa ação adaptativa que permite viver com as causas do problema até que a solução corretiva seja possível. As partes desistem de alguns ou de todos os seus objetivos, por meio de acordos ou compromissos verbais ou não verbais de coexistência pacífica e manutenção da relação social.

4. *Barganha (Perder/Perder — Acordo/Compromisso — Barganhar/Trocar)*. Este método sempre se inicia no ponto em que as partes conflitantes estão empenhadas em uma batalha *ganhar/perder*. Porém, parece haver um relativo equilíbrio de forças. Há uma troca de concessões, de valores tangíveis ou de sanções, que ajuda cada parte a se ajustar, passo a passo, utilizando-se de pressões ou recuos gradativos, até que cheguem a um acordo, embora de forma relutante. Assim, cada parte desiste de alguns de seus objetivos, por intermédio da obtenção de alguma forma de compromisso (troca de valores que uma parte possui em abundância, dos quais a outra parte carece) que leve a um acordo. O regateio é uma forma de barganha.

5. *Integração (Ganhar/Ganhar — Relações de Longo Prazo — Negociar)*. Consiste na busca conjunta para a solução das divergências e antagonismos. É mais demorado e exige paciência. Requer a capacidade de transigir e conceder, discutir os pontos de discordância e controvérsia, buscando soluções aceitáveis para as partes. Este método enfatiza que todas as partes envolvidas devem ganhar, e não apenas uma. É uma técnica ativa em relação a outras, que são passivas. É um método otimista, que acredita na confrontação, no *ganhar/ganhar*, usa da racionalidade para construir relações duradouras e fortalecer a credibilidade entre as partes.

As alternativas não se apresentam de forma rígida. É uma unanimidade reconhecer que os desequilíbrios dinâmicos fazem parte de qualquer tipo de negociação. O equilíbrio pleno não existe. A assimetria de poder manifesta-se por meio de mudanças nas bases estruturais ou circunstanciais de sustentação dos envolvidos, que afetam o processo de negociação.

Desequilíbrios, comportamento ético e comunicação

A assimetria entre as partes modifica seus comportamentos, influenciando a maneira como a informação é tratada no processo de comunicação.

O uso da informação, do tempo e do poder

Os desequilíbrios entre as partes envolvidas nas negociações estão sempre presentes, e é importante que os negociadores saibam identificá-los para que posicionamentos estratégicos e passos táticos sejam utilizados de forma a produzir os melhores efeitos, seja quando o desequilíbrio favorece o negociador ou não. Cohen (1980:50) afirma:

> O sucesso provém não apenas de ter boas cartas, mas da análise de toda situação, para que as cartas possam ser jogadas com habilidade. Mesmo o jogador mais habilidoso e de maior sorte só se dará bem se levar em conta a realidade nua e crua que nos afeta a todos. Para conseguir um bom resultado — na política, no pôquer ou nos negócios — você deve analisar de maneira realista não só a posição da outra parte, como também a sua, à luz de três variáveis sempre presentes e interligadas: poder, tempo e informação.

Os desequilíbrios de poder, tempo e informação, além da percepção falha das consequências adversas de comportamentos manipuladores, conduzem o processo negociador para fronteiras difusas nas quais as questões éticas tomam vulto.

Manipulação e comportamento ético nas negociações

Alguns negociadores fazem uso de truques, escondem informação e blefam. Lewicki e colaboradores (2002:208) afirmam:

> De vez em quando, a maioria dos executivos se acha compelida, por seus próprios interesses ou pelos interesses de suas empresas, a praticar alguma forma de embuste em seus procedimentos com clientes, fornecedores, sindicatos, funcionários do governo, ou até mesmo outros executivos. Através de declarações incorretas conscientes, encobrimento de fatos pertinentes ou exagero — resumindo, através de blefe — buscam persuadir os outros a concordar com eles.

Os autores argumentam que, embora favoráveis à negociação por princípio, se o negociador revelar sua real Macna, recusar-se a blefar periodicamente, obrigando-se a falar toda a verdade todo o tempo, ele provavelmente está ignorando as oportunidades permitidas nas regras dos negócios e ficará em grande desvantagem nas transações empresariais. Além disso, consideram que blefar, exagerar e encobrir ou manipular as informações são maneiras legítimas de os indivíduos e as corporações maximizarem seu autointeresse imediato. Os negociadores podem querer maximizar seus interesses próprios, escondendo preferências e mostrando o mínimo possível sobre suas posições, manipulando os dados e as informações. Tais estratégias podem ser vantajosas ou não.

No caso das relações de longo prazo, num contexto de interdependência, é importante conhecer as verdadeiras necessidades e prioridades das partes envolvidas. Nesses casos, chegar a acordos claros, que tenham uma elevada probabilidade de implementação eficaz, depende da vontade das partes em compartilhar informações precisas sobre suas próprias necessidades e interesses. Por isso, discussões relativas aos padrões éticos e sobre dizer a verdade nas negociações são contínuas. Isso resulta em dois dilemas, conforme Rubin e Brown (1975:15, citados por Lewicki et al.):

O *dilema da confiança* e o *dilema da honestidade*. Para nossos propósitos, a implicação do dilema da confiança é que os negociadores acreditam em tudo que os outros dizem e podem ser manipulados pela desonestidade deles. A implicação do dilema da honestidade é que, se os negociadores disserem à outra parte honesta e francamente suas exigências e limites exatos, eles nunca passarão deste nível mínimo. "Para sustentar o relacionamento de barganha, cada parte tem que selecionar um caminho mediano entre os extremos de franqueza total e embuste do outro. Cada um deve poder convencer o outro da sua integridade, ao mesmo tempo que não arrisca sua posição de barganha."

Consideramos que, a médio e longo prazos, os manipuladores e os manipulados conscientes tendem a perder a credibilidade. Se o negociador valoriza esse patrimônio, certamente ele levará em consideração que a manipulação tem efeitos devastadores, podendo arruinar os valores que equilibram o sistema, desgastando as relações entre os indivíduos. Os negociadores experientes sabem que a forma como as informações são trocadas representa um aspecto crucial do processo negociador.

Intercâmbio de informações

Os especialistas são unânimes em declarar que a informação é a matéria-prima do processo de negociação — por isso, ela deveria ser compartilhada. Entretanto, os estímulos ao fluxo de informações nem sempre ocorrem. Os resultados dos estudos de Rackham e Carslile (citados por Shell, 2001:179-180), apresentados na tabela 1, comparam os comportamentos dos negociadores habilidosos com os comportamentos dos negociadores médios.

Tabela 1

CAPACIDADE DE COLETA DE INFORMAÇÕES DOS NEGOCIADORES (COMO PERCENTAGEM DE TODOS OS COMPORTAMENTOS OBSERVADOS)

Comportamento	Negociadores habilidosos (%)	Média dos negociadores (%)
Perguntar	21,3	9,6
Testar para entender	9,7	4,1
Resumir	7,5	4,2
Total	38,5	17,9

Fonte: Rackham e Carslile (citados por Shell, 2001:179-180).

Quando a abordagem competitiva é predominante, o tratamento da informação (pela omissão, retardamento ou distorção) afetará o desenvolvimento do processo e os seus resultados.

A pesquisa revela que os negociadores habilidosos passam 38,5% do seu tempo obtendo e esclarecendo informações — comparados com 17,9% gastos pela média, em suas interações. Os negociadores habilidosos perguntam mais, testam entendimento, parafraseiam e resumem, fazem silêncio para que o outro fale, o que, em essência, caracteriza a capacidade de ouvir ativamente, ampliando a capacidade de identificar necessidades e objetivos dos envolvidos.

De outro lado, quando a abordagem integrativa é predominante, o tratamento da informação (pela presteza, objetividade e clareza) contribuirá para que a maximização dos resultados e dos relacionamentos possa ser alcançada.

Maximização de resultados e relacionamentos

Quando os negociadores optam por compartilhar dados e informações sobre suas respectivas necessidades, interesses, processos decisórios, alternativas, são ampliadas as possibilidades de encontrar um ponto de equilíbrio ótimo, também denominado, na teoria dos jogos, "ótimo de Pareto", que é, na situação considerada, o "melhor" para as partes.

O acordo

Considerando as negociações de uma forma geral e o processo de negociação como um todo, o acordo é o que se deseja. Até nos conflitos, quando tratados de forma positiva, são buscados meios de chegar a acordos sobre:

- quem serão as terceiras partes aceitas pelos envolvidos em litígios;
- quais as regras de referência e os papéis que os terceiros estarão autorizados a desempenhar em lugar das partes que não se entendem diretamente.

Como foi o encerramento de uma rodada de negociações? Qual foi o acordo? Se não houve, qual(is) foi(ram) o(s) motivo(s)? Essas são questões importantes que visam buscar uma melhor interpretação das regras do jogo, revisar comportamentos inadequados ou contraproducentes e detalhar aspectos importantes do escopo ou do contrato, por exemplo.

Negociação não é um episódio. É um processo de transformação daquilo que afasta as partes para aquilo que as aproxima. Por isso, normalmente a execução de uma negociação não se esgota em uma única rodada. Ajustes contínuos levam a melhores acordos. O acordo é o embrião do contrato. Melhores contratos, como resultado do esforço feito pelas partes, funcionam como bases sólidas para uma melhor implementação que satisfaça as necessidades dos envolvidos.

A busca do resultado ótimo

Os chamados jogos "ganha-ganha", fruto da aplicação eficaz de ações integrativas, têm como resultado ganhos superiores nos dois planos: relacional e substantivo. Chegar o mais próximo possível do "resultado ótimo" é o desafio que se apresenta, especialmente nos jogos de soma variável (Fiani, 2004), nos quais a cooperação poderá levar a resultados — para todos — melhores do que eles obteriam se tentassem otimizar seus resultados desconhecendo, *a priori*, as decisões dos outros. A teoria dos jogos ajuda a explicar por que os jogos de soma variável constituem a grande maioria das situações no mundo empresarial, diplomático e político, estimulando o estabelecimento de coalizões, cartéis e blocos.

O resultado ótimo é caracterizado pelo fato de que uma parte alcançou resultados que satisfizeram suas necessidades no maior grau possível, sem prejudicar os resultados da outra parte. Nesse caso, estrategicamente, as partes optam por adotar, de maneira preferencialmente explícita, abordagens cooperativas de forma a não exigir atender seus interesses individuais a ponto de prejudicar os demais. Assim, de forma mais ampla, o resultado ótimo é aquele que, em alto grau, satisfaça as necessidades das partes envolvidas, nos planos relacionais e substantivos, com o menor ônus para todos. A busca do resultado ótimo requer lealdade entre os participantes — portanto, ser leal e exigir lealdade faz parte desse processo negociador.

Neste capítulo, apresentamos os principais desafios associados ao ambiente de negócios, às principais correntes de abordagem, aos aspectos conceituais relevantes à compreensão dos modelos mentais presentes no contexto das negociações. Discutimos sobre o dilema entre construir valor e reivindicar valor, e refletimos sobre as abordagens orientadas para maximizar resultados e relacionamentos em situações nas quais antagonismos e convergências estão presentes. No próximo capítulo, focalizaremos os aspectos relacionais presentes nas negociações e na administração de conflitos.

2

Negociação e administração de conflitos: aspectos relacionais

No capítulo que iniciamos, vamos abordar os principais aspectos relacionais que estão presentes nas negociações. Aspectos relacionais tratam dos comportamentos, práticas e ações adotados pelas pessoas, assim como as percepções e emoções envolvidas quando interagem com outras que representam a si mesmas ou outras partes. Questões éticas e de princípios são relevantes nesse plano.

Este capítulo se propõe a instigar os negociadores a perceber melhor as pessoas, suas ações e reações em contextos de negociação, visando maximizar os resultados relacionais em situações nas quais buscam o melhor produto das intervenções e da administração de conflitos.

Negociação no plano relacional

O ser humano tende a enfocar as negociações pensando nas posições, em como defendê-las e fazê-las vencedoras, sem transigir ou cedendo pouco. Refletindo sobre negociação, podemos concluir que existe a oportunidade de se obterem resultados satisfatórios para as partes, mesmo partindo de interesses antagônicos, quando comparados com os resultados decorrentes da não negociação. A negociação com a outra parte, no plano relacional, possibilita que, a partir do conhecimento das reais necessidades, interesses e desejos envolvidos, se construa um resultado que maximize os ganhos para as partes.

As negociações ocorrem entre seres humanos e pressupõem um intercâmbio de informações e de ideias para alterar um determinado *status*. Assim, para negociarmos com êxito, conhecer o outro negociador torna-se essencial. A diversidade humana torna cada negociador um ser único, com percepções diferentes do objeto e do processo, as quais precisam ser negociadas. Conforme Carvalhal (2005:35): "É preciso aprender a perceber, sempre. Diferenças de percepção estão entre as causas primárias de conflitos. As percepções são sempre objeto de negociação".

Quando negociamos, a partir de certo ponto do processo, envolvemo-nos em uma barganha para conseguir o melhor resultado, como produto da negociação, e projetar determinado relacionamento para o futuro. Entender como o outro percebe uma negociação não significa concordar com seu ponto de vista, mas pode auxiliar a entender os critérios objetivos ou princípios que servem de base a juízos de valor, favorecendo a elaboração de propostas que permitam ao outro uma situação de conforto por sentir-se tratado com justiça. Assevera Levitt (1990:132): "A administração de relacionamentos requer a criação e o constante desenvolvimento de sistemas para administrá-los, mantê-los e reforçá-los".

Cada negociador apresenta um estilo predominante, porém o mesmo negociador apresenta estilos e reações diversas de acordo com a importância dos aspectos relacionais e substantivos em jogo, bem como o ambiente que envolve as partes no momento da interação.

É importante notar que a globalização contribui para alterar a velocidade das mudanças e constantemente criar novos cenários, gerando resistências, conflitos e oportunidades, que aumentam a necessidade de negociar com pessoas de diferentes origens e culturas que representam interesses diversos. Essas resistências precisam ser gerenciadas. A ampliação das redes logísticas também nos coloca, cada vez de forma mais frequente, negociando com pessoas que representam diversos interesses, numa complexa teia de relacionamentos onde a cooperação e a competição ocorrem de maneira simultânea. Novas condições impõem que acordos sejam repactuados, em condições diferentes das iniciais, muitas delas geradoras de tensão, fazendo com que os aspectos relacionais sejam objeto da atenção dos negociadores.

Principais aspectos relacionais presentes nas negociações

Todas as negociações requerem um planejamento, a partir do qual o negociador deverá ter o mais amplo conhecimento possível das partes envolvidas no processo, das pessoas que as representam, das bases de poder e das forças relativas. Assim, ao iniciarmos uma negociação, devemos ter avaliado quais são as forças, fraquezas, oportunidades e ameaças que o resultado da negociação representa para os nossos interesses relacionais associados aos interesses substantivos.

Ao conhecermos como a outra parte historicamente age e quais as suas virtudes (coragem, disciplina, gentileza, humildade, integridade, justiça, lealdade, objetividade, organização, persistência, prestatividade, prudência, simplicidade, sinceridade e tolerância, entre outros), estaremos mais bem preparados para nos relacionar com ela, entender e abordar o processo negocial. Quando conhecemos seus princípios, crenças, rituais e tradições, percebemos que podemos melhor entender as posições e reações das pessoas, e melhor administrar os conflitos.

Os aspectos psicológicos de cada pessoa também apresentam relevância significativa em suas atitudes e comportamentos. Os diferentes tipos de personalidade responderão de forma distinta ao estresse, à frustração, ao êxito, ao reconhecimento de suas próprias ações e às dos outros, aos estímulos, demonstrando diferentes níveis de satisfação com os fatos. Algumas têm personalidades mais dominadoras; outras, submissas ou evasivas.

Quando esses aspectos psicológicos e seu reflexo nas relações humanas são menosprezados, criam-se barreiras para a negociação integrativa, comprometendo a manutenção e a fidelização dos relacionamentos. "Como uma estratégia geral de negociação, emoções positivas são mais apreciadas do que as emoções negativas, no sentido de promover a harmonia e a colaboração", destacam Fisher e Shapiro (2005:4).

Outro aspecto a ser levado em conta é a diversidade cultural, que também influencia os comportamentos dos negociadores. Os aspectos religiosos, éticos, ideológicos, sociológicos, raciais, políticos e econômicos afetam suas maneiras individuais e coletivas de perceber um mesmo objeto, por isso são relevantes no processo de negociação. Assim, a percepção, a capacidade de fazer juízos de valor e a comunicação possibilitam a ampliação de canais de interação, facilitando a compreensão e a integração das partes.

Mesmo diante de competidores diretos, devemos manter um canal relacional aberto. Estratégias cooperativas comumente reduzem incertezas geradas pelo acirramento da competitividade. Não podemos desprezar a possibilidade potencial de negociar o associativismo, a construção mútua de regras que funcionem como normas reguladoras e critérios para as relações comunitárias. Ao cooperar com um competidor, conciliando competências e recursos que possibilitem o estabelecimento de alianças, estaremos nos preparando para competir de forma sustentável com os demais.

Podemos citar um exemplo de cooperação de dois antigos rivais na corrida aeroespacial. Os Estados Unidos e a antiga União Soviética protagonizaram, no passado, uma intensa competição pelo domínio da tecnologia aeroespacial. Atualmente a Estação Espacial Internacional está sendo construída com a participação de 16 países, com culturas e tecnologias diferentes, entre eles Estados Unidos e Rússia. O início da construção ocorreu com o lançamento do módulo russo não tripulado Zarya, em novembro de 1998, e posterior lançamento e acoplamento no espaço ao módulo americano Unity. Os módulos não haviam sido conectados na Terra. As áreas de engenharia dos dois países de culturas e tecnologias muito diferentes foram capazes de colaborar e trocar informações para o sucesso da operação.

Cooperando para que a outra parte possa satisfazer suas necessidades, mesmo com alternativas fora do processo em curso, contribuímos para melhorar o relacionamento e potencializamos oportunidades para obter informações, entender suas preferências, criar possíveis sinergias, reduzir custos e maximizar os resultados.

Além dos aspectos mencionados, o entendimento sobre as "regras do jogo" no contexto onde se está negociando e a natureza da representatividade das partes (fornecedores, concorrentes, clientes, acionistas, funcionários, gerentes, autoridades etc.) favorecem a definição da atratividade de um negócio, bem como de um relacionamento.

Aliado ao entendimento dos aspectos psicológicos, multiculturais e das regras do jogo, o negociador deve buscar fortalecer suas habilidades pessoais.

Habilidades de relacionamento

A inteligência geral desenvolvida amplia a visão dos negociadores sobre o processo em curso, nos seus aspectos relacionais e substantivos. As formas de manifestação da inteligência podem chegar até sete, segundo Gardner (1994); porém, de maneira corrente, os estudiosos as sintetizam em dois subconjuntos: a inteligência emocional e a racional.

Indivíduos com habilidades de relacionamento são afáveis, sagazes, empáticos, sociáveis e até encantadores, ou seja, apresentam um quociente de inteligência emocional (QE)[4] elevado, o qual está relacionado com a inteligência intrapessoal e interpessoal. O QE é composto por três habilidades adaptativas: a expressão da emoção, a regulação da emoção com relação a si mesmo e aos outros e a utilização das emoções na solução de problemas. Indivíduos com elevado QE sabem ouvir críticas e utilizá-las para a melhoria e desenvolvimento, valorizam a diversidade e estabelecem eficientemente redes de contato relacionais (Furnham, 2001).

Negociadores considerados eficazes e bem-sucedidos, embora sejam entusiastas e sensíveis, também apresentam características de elevado quociente de inteligência (QI).[5] Eles encaram as situações de forma profissional, racional, objetiva e com foco no negócio, são respeitados pela alta incidência de êxito na implementação de acordos, são considerados pelos interlocutores por sua trajetória de sucesso e buscam o aprendizado contínuo, tanto conceitual como prático.

As características relacionais pessoais podem ser desenvolvidas por meio de treinamento e pela vontade de mudar.

---

[4] Daniel Goleman e outros pesquisadores desenvolveram o conceito de inteligência emocional (QE).

[5] Quociente de inteligência (abreviado para QI, de uso geral) é uma medida quantitativa do grau de inteligência de um indivíduo.

Aprofundar a percepção, aprimorar a criatividade, fortalecer a comunicação verbal e não verbal contribuem para elevar os níveis da inteligência geral.

Percepção e emoção

O ser humano interage com o mundo ao seu redor por meio de seus sentidos (visão, olfato, paladar, audição e tato) e tende a acreditar que sua percepção do ambiente corresponde à realidade objetiva. Aliada a esses sentidos, a emoção e a intuição também estão a serviço dos negociadores. (Fisher et al., 1994).

Pessoas que observam a mesma realidade objetiva a enxergam de maneira diferente. O fato de a realidade percebida apresentar variações em relação à realidade objetiva é uma fonte de conflitos. Se forem desconsideradas as diferentes percepções da realidade objetiva como formas, cores e fatos, ao serem feitas inferências numa negociação sobre os interesses e intenções do interlocutor, a possibilidade de equívocos é amplificada (Wagner III e Hollenbeck, 1999).

Como exemplo de causas potenciais de conflito geradas por percepções equivocadas da realidade objetiva, podemos citar o caso do gerente que, pensando no desenvolvimento gerencial de seu subordinado, e reconhecendo nele a maturidade e capacidade para desempenhar funções, resolve progressivamente atribuir-lhe maiores responsabilidades e funções de coordenação. Enquanto o gerente acredita que o está recompensando pelo desempenho, o subordinado poderá sentir-se injustiçado e perseguido pela gerência, que lhe impõe uma carga adicional de trabalho, incluindo atividades que não são suas.

Grande parte das pessoas tende a formar uma impressão sobre os outros nos primeiros momentos em que os conhece. Tal impressão é, muitas vezes, decorrente de estereótipos, generalizações e preconceitos. Embora a primeira impressão possa ser alterada ao longo do tempo, ela é relevante na formação da opinião e sentimentos sobre os interlocutores. Assim, os primeiros contatos, especialmente os primeiros momentos relacionais, deverão ser tratados cuidadosamente, pois tenderão a afetar comportamentos posteriores das partes.

Para melhor diagnosticar a percepção da outra parte sobre determinada situação, uma das alternativas possíveis é pesquisar, aumentar o número e a frequência de observações, buscando reduzir a dispersão das informações obtidas e diminuir a incerteza de medição. Diferentemente de processos industriais que permanecem inalterados quando monitorados, o ser humano, quando se sente questionado, apresenta mudanças comportamentais e não raras vezes omite suas reais necessidades e preferências. Afirma Vergara (2000:15): "Qualquer pesquisa, para ser desenvolvida necessita de um projeto, e bem-feito, que a oriente. Ele pode não garantir sucesso da investigação, mas sua inadequação, ou sua ausência, certamente, garantem o insucesso".

Por isso o negociador aprende por meio da análise contínua de suas interações com os seus interlocutores mais frequentes de negociação. O que faço? Como reajo? De que forma eu influencio ou sou persuadido? O que me leva a conceder mais ou menos a esse interlocutor?

A fase de planejamento deve incluir a busca de informações sobre os valores, crenças, origens e preferências do(s) interlocutor(es), para que se iniciem os contatos com assuntos não polêmicos, com baixas possibilidades de discordâncias, e gradualmente chegar aos itens polêmicos. As concordâncias iniciais ajudam a reduzir dissonâncias e favorecem o diálogo.

Temas polêmicos não relacionados à negociação, tais como política, sexo, religião, raça ou futebol, não devem ser abordados quando se desconhecem as opiniões do interlocutor, evitando criar um clima desfavorável, caso o outro lado tenha opiniões radicalmente contrárias às mencionadas sobre esses temas.

Porém, quando o negociador busca a realidade objetiva de uma relação "ganha-ganha" durante o processo de negociação, é fundamental tratar de entender as necessidades, interesses, desejos e paixões, sem a interferência dos temas polêmicos, desobstruindo o caminho para a construção e o fortalecimento de sinergias.

Diante da grande quantidade de informações envolvidas em uma negociação, perceber o contexto e focalizar o essencial determina que o negociador não se concentre somente em fatos e evidências que confirmam percepções anteriores, já aceitas por todos. Assim, deve-se evitar que o processo se torne prolixo e desfocado do escopo planejado. Apesar disso, em um processo de busca de soluções, interessados que questionam as percepções presentes não devem ter seus questionamentos ou indagações desconsideradas, independentemente do nível hierárquico que ocupam, a sustentação de que dispõem ou o "cacife" que possuem. Nesse aspecto, Fisher e colaboradores (1994:46) destacam que, "mesmo que os termos de um acordo pareçam favoráveis, o outro lado pode rejeitá-los simplesmente por uma desconfiança nascida de sua exclusão do processo de preparo".

A objetividade é necessária e requer a participação do outro. É importante separar as fases de criar e analisar opções das de julgar e decidir, por isso uma boa coordenação é importante.

Coordenação e decisão

Quando são analisadas todas as alternativas, os interlocutores devem ser ouvidos e estar sintonizados na mesma frequência, para favorecer a construção de um acordo positivo.

O líder de uma equipe negociadora deve coordenar as ações de seus membros de forma a evitar colocar os representantes da outra parte sob ataque pessoal, promovendo um clima de harmonia. Coordenar o relacionamento entre as partes não só durante a negociação, como também nas fases subsequentes ao acordo, como a contratação por meio de documento apropriado, favorece a execução e o monitoramento do projeto ou do produto final, visando sua implementação com sucesso.

Analisar os pontos que compõem as alternativas apresentadas de forma coordenada, com a participação dos membros de sua equipe, contribui para o clima de confiança mútua e o engajamento necessário à implantação do acordo ou projeto.

Da análise passa-se ao julgamento. As inferências podem distorcer os fatos e influir negativamente nos juízos de valor e, por conseguinte, nas decisões. Considerando que inferir é fazer suposições a respeito de algo, não inferir sobre a intenção dos outros a partir de seus próprios preconceitos e receios permite a observação de sutis mudanças de posição durante a negociação e contribui para o surgimento de novas ideias, possibilitando a diversificação de opções.

Dessa forma, no caso de projetos, é conveniente a participação dos líderes de projetos na fase de propostas e construção de acordos, evitando que, após a assinatura do contrato, tenham visões distorcidas do acordado durante sua implantação. O repasse claro aos outros membros da equipe do ocorrido durante a interação favorece o engajamento, uma vez que há o compartilhamento dos princípios que embasaram a decisão, os detalhes do acordo ou os motivos do desacordo. Em qualquer situação, sai fortalecida a confiança da equipe.

É útil lembrar que muitas armadilhas conspiram contra a confiança. Entre elas, destacam-se as associadas aos problemas de identidade entre seus aspectos verbais e não verbais.

Comunicação verbal e não verbal

A comunicação é extremamente relevante nas negociações, pois é por seu intermédio que transita a informação entre as partes, matéria-prima de qualquer processo de negociação. Assim, é preciso conhecer os elementos associados ao processo de comunicação, presentes em cada contexto através de diferentes negociadores que podem ser oriundos de culturas diversas.

Por meio da comunicação nas negociações, são emitidas, transmitidas e recebidas mensagens. Passar oralmente, ou por escrito, de forma objetiva, expressiva e clara as ideias e opiniões; ser um bom ouvinte, aplicar-se para perceber o que os outros expressam; persuadir, induzir, influenciar a outra parte a decidir-se a respeito do que está em jogo; ser capaz de transmitir ou controlar emoções — essas são características que precisam ser fortalecidas por líderes de projetos e negociadores, para que suas posições relacionais sejam favorecidas. Furnham (2001:14) destaca a importância desse tipo de conhecimento.

> É claro que certo conhecimento sobre comunicação não verbal e a linguagem do corpo é de grande utilidade na vida profissional. Compreender as motivações, os receios e os pontos fortes das pessoas que participam de grupos de candidatos a empregos ou de situações onde haja negociações é um trunfo considerável no mundo ocupacional. A observação dos mais sutis movimentos na linguagem do corpo, enquanto ela acompanha a fala, pode ser uma das melhores maneiras de se obter vantagem. E o conhecimento sobre a linguagem do corpo pode ainda ajudar uma pessoa a melhorar seu desempenho em conferências, avaliações e mesmo nas situações do dia a dia.

Por meio da leitura da linguagem corporal do interlocutor (expressões faciais, alterações do ritmo respiratório, gestos, movimentos da cabeça, transpiração, movimentos dos olhos, postura, proximidade física ou rubor), o negociador pode obter sinais de maior ou menor adesão a uma determinada proposição. Suas reações podem traduzir emoções (surpresa, raiva, tédio, ansiedade, culpa, vergonha, constrangimento ou alegria), que significam aprovação, desconforto ou insatisfação com o rumo que as negociações estejam tomando.

O corpo é a mensagem (Davis, 1979) e não somente por intermédio do movimento ou da posição que assume. A própria forma do corpo pode ser mensagem e até mesmo a maneira como os traços do rosto se organizam, além da aparência física como complemento quase sempre culturalmente programado. O corpo fala e, de uma maneira geral, na cultura ocidental, quando nosso interlocutor está receptivo, ele frequentemente emite sinais como sentar-se inclinado para a frente (a proximidade sugere uma indicação de satisfação ou intimidade); apresenta tom de voz suave; balança a cabeça, acenando positivamente; aumenta o contato visual e sorri (o olhar pode ser encorajador); toca o queixo e a testa e descruza as pernas. Por outro lado, quando o interlocutor não está receptivo, ele frequentemente emite sinais como girar o rosto na direção da porta, cruzar os braços ou os pés, reduzir o contato visual, mostrar-se disperso e movimentar-se com nervosismo.

Se nos concentramos no aspecto não verbal, observamos melhor e tentamos decodificar as emoções nas outras pessoas. Entretanto, ao nos concentrarmos no aspecto não verbal, ficamos menos atentos à mensagem verbal e prestamos menor atenção ao conteúdo. É preciso que o negociador esteja atento para o verbal e o não verbal de forma simultânea, pois um reforça ou contradiz o outro.

A qualidade da comunicação em uma negociação depende tanto do nível de entendimento mútuo quanto da eficiência do processo. Por isso, a escolha do canal de comunicação pode facilitar ou dificultar o entendimento da mensagem. A escolha do canal (um intermediário ou porta-voz, correio eletrônico, telefone, carta, fax, memorando, rádio ou jornal) pode levar em conta a eficiência e a economia. O tempo disponível para a comunicação, o tempo de resposta, a necessidade de registros e a acessibilidade também são fatores que influenciam na escolha do canal. A forma, o canal e o conteúdo da mensagem devem estar adequados ao(s) destinatário(s) e ao resultado que se deseja do processo de negociação.

Como exemplo da necessidade de diferenciação na comunicação, no caso UHE, que está em meio às negociações do empreendimento de geração de energia, a comunicação da implantação e os detalhes do projeto destinados aos acionistas e empregados devem apresentar conteúdo e forma diferenciados para os proprietários na área onde será implantado o canteiro de obras, órgãos reguladores, associações, autoridades etc.

A eficácia da boa comunicação começa com a tomada de consciência pelo negociador sobre a forma como deseja comunicar qualquer coisa. A forma, muitas vezes, pode ser mais importante do que o próprio conteúdo. Na comunicação de alta qualidade, as mensagens entendidas pelos receptores têm o sentido pretendido pelos emissores. De fato, a reação das pessoas àquilo que se fala ou escreve é provocada muito mais pelo sentimento que lhes desperta a maneira como algo é dito ou redigido, do que propriamente pelo conteúdo da mensagem.

No caso de negociações multilaterais, em especial aquelas com representantes de culturas e idiomas diferentes, os cuidados com as mensagens devem ser redobrados, pois as mensagens para persuadir, definir critérios, engajar ou atrair os outros têm maior probabilidade de não serem percebidas corretamente e por isso devem ser cuidadosamente planejadas.

Cabe ao emissor o ônus de verificar se conseguiu transmitir corretamente a mensagem. Para facilitar o relacionamento entre as partes e tornar o processo eficaz, deve-se considerar o uso de todos os recursos de comunicação disponíveis para reduzir qualquer possibilidade de mal-entendido. Expressar as ideias com método, clareza e desenvoltura, criar um clima cordial e aberto desde o início do processo, contribui para o desbloqueio dos canais.

Ao falar, a postura, as expressões faciais, o tipo de olhar, o tom da voz e a ênfase com que as palavras são colocadas contribuem significativamente no impacto que causam no receptor. O alinhamento do não verbal à mensagem transmitida é fator relevante a ser considerado.

Na negociação, durante o processo de interação, é possível estabelecer um compromisso psicológico mutuamente satisfatório — uma harmonia tácita —, fortalecendo a relação de confiança e respeito e tornando cada nova etapa mais eficiente.

Ouvir com atenção, paciência e autodisciplina o que a outra parte está falando, até completar o seu raciocínio, depois repetir o seu entendimento do que foi dito, em vez de reagir imediatamente ou ficar imaginando o próximo passo, ajuda a evitar problemas de comunicação. Ouvir não é fácil, mas é valioso. O negociador organiza melhor os seus argumentos quando ouve e favorece o envolvimento da outra parte na tarefa conjunta de entender seus problemas e necessidades, melhorando também a disposição em ouvi-lo. Após ouvir a exposição dos outros, eles provavelmente estarão mais receptivos a uma negociação construtiva, pois uma maior quantidade de informações fluiu entre os envolvidos, permitindo uma melhor avaliação de necessidades, objetivos, argumentos, formas de decidir e implicações positivas e negativas do acordo ou desacordo.

Ouvir e perceber as intenções do que é expresso são importantes habilidades a serem utilizadas na negociação, pois embora entender o ponto de vista da outra parte não necessariamente implique concordar com ela, com certeza facilitará a busca de ações convergentes, conciliatórias, intermediárias e a adoção de acordos sensatos, favorecendo um clima propício ao esclarecimento de questões relacionais delicadas.

Clima e relacionamento

Para alcançar objetivos que envolvam outras pessoas, é necessário focalizar o relacionamento. Nas negociações, como em qualquer situação competitiva, já existe um clima de tensão natural decorrente do conteúdo do que está em jogo. A tarefa de estabelecer um relacionamento propício para se negociar será facilitada na medida em que se estabeleça um vínculo no qual impere o respeito e a confiança. Ao se relacionar com o outro, o negociador absorve informações e as conserva na mente na forma visual, auditiva e sinestésica (relacionada às sensações), e isso influencia os comportamentos dos envolvidos e o clima de negociação.

Gestores eficazes, como bons negociadores, definem as expectativas e as "regras do jogo" num clima positivo, com responsabilidade e foco nos resultados, estabelecendo parâmetros e prioridades, alinhando as equipes para obter resultados ambiciosos, porém realistas. Atuam como líderes, promovendo ambientes criativos, reflexivos, produtivos, respeitosos e propícios para a tomada de decisão, assegurando que todos partilhem do crédito das realizações. Eles estimulam e reconhecem a participação dos outros.

Avaliando a situação a partir da posição do outro, com distanciamento da dinâmica com a qual estamos envolvidos, respeitando o que ele valoriza e entendendo como ele sustenta sua posição, aumentamos as possibilidades de estabelecer relações de confiança e construir relacionamentos geradores de acordos. Porém, se de um lado é sempre mais fácil construir afinidades com as pessoas com as quais há identificação, por outro lado é preciso desenvolver a habilidade de não permitir perdas quando há interdependência em relacionamentos tensos.

Interdependência

Projetos exigem intensas relações entre pessoas, o que é uma fonte potencial de conflito. Quanto maior a interação pessoal, o número de agentes envolvidos e a interdependência de atividades, maior é a necessidade de atuar gerenciando as percepções e negociar (ver tipos de conflitos e condições antecedentes no capítulo 1).

Interação interpessoal baixa ocorre com pessoas que buscam recursos de fonte comum como compartilhar a mesma sala de reuniões. Interação interpessoal um pouco maior ocorre entre níveis operacionais responsáveis pela execução do projeto que dependem de outras fases, como, por exemplo, na construção de uma fábrica na qual a montagem das tubulações requer que a fase de infraestrutura civil esteja concluída para as outras obras avançarem.

Um exemplo de interação pessoal alta são escritórios de projetos de engenharia nos quais os engenheiros mecânicos recebem informações de engenheiros de processo para dimensionarem os equipamentos, depois informam as cargas aos engenheiros civis, eletricistas e de instrumentação para dimensionamentos que retornam com informações, realimentando o projeto.

A interação pessoal muito alta é observada em projetos de pesquisa e desenvolvimento de novos produtos, onde as áreas de operação, engenharia e marketing precisam compreender os papéis dos representantes das demais áreas e interagir ativamente durante todo o projeto.

A norma brasileira com as diretrizes para a qualidade na gestão de projetos recomenda que "as necessidades dos clientes e outras partes interessadas sejam claramente compreendidas, para garantir que todos os processos estejam orientados para elas e consigam atendê-las" (ABNT, 2000, item 5.2.1), e isso requer um intenso trabalho em equipes e o claro reconhecimento da importância da interdependência.

Ao gestor cabe entender claramente como ocorrem as interações sob sua responsabilidade, para que possa negociar e elaborar sistemas estimuladores de motivação e metas para suas equipes que atendam aos interesses dependentes de todos os *stakeholders* a curto, médio e longo prazos.

Critérios e procedimentos objetivos

O tema proposto implica, de imediato, a tomada de consciência de que a busca de critérios que sejam mutuamente aceitos deve ser uma ação conjunta das partes, no sentido de disporem de referências claras para o desenvolvimento do processo de negociação, especialmente das questões substantivas.

Assim, o processo inicia-se pela busca de critérios, princípios ou regras que sirvam de parâmetros para as decisões entre as partes; a seguir, a discussão orienta-se para a defesa dos interesses e das posições a eles associadas. Daí em diante, o desafio das partes é buscar a construção de um consenso a respeito dos aspectos críticos, de forma a chegar ao melhor acordo possível que atenda, ou ao menos atenue, as necessidades das partes.

Negociação baseada em princípios

Existe uma tendência predominante entre especialistas em negociação de que as *negociações baseadas em princípios* (Fisher et al., 1994:28) tendem a provocar maior equilíbrio entre as partes. Essa forma de abordar o processo pode ser resumida nos quatro pontos a seguir.

- *Separar o problema das pessoas*. Ser duro com os problemas e suave com as pessoas. Os problemas devem ser atacados com determinação para serem resolvidos. As pessoas devem ter suas necessidades e emoções reconhecidas, sem que estas sejam envolvidas no ataque aos problemas.
- *Concentrar-se nos interesses*. Deve-se ultrapassar o muro das posições, indo em busca dos interesses que, uma vez identificados, devem servir de base para a busca das propostas irrecusáveis.
- *Inventar opções de ganhos mútuos*. Buscar opções que considerem também interesses dos "fantasmas" (os que não estão presentes à mesa de negociações, mas afetam o processo e são por ele afetados). Inventar primeiro, decidir depois.
- *Utilizar critérios objetivos* (legitimidade). Critérios objetivos legitimam as opções e, mais importante, conduzem às propostas irrecusáveis.

O desafio das negociações de qualidade superior é buscar identificar as necessidades por trás dos interesses, e os interesses por trás das posições e objetivos. Por isso, os negociadores hábeis discutem e negociam os pressupostos, regras, critérios, em suma, os *princípios*, antes da discussão do objeto substantivo de negociação. Chegar a acordos a respeito de critérios objetivos em momentos iniciais da fase de execução contribuirá para a qualidade do processo de negociação, ajudando a dirimir dúvidas, corrigir desvios, ajustar procedimentos e contribuir para que negociadores possam fazer juízos de valor, avaliando a evolução do processo e das partes à luz de referências aceitas. A consequência mais provável é que *acordos sobre princípios*, quando obtidos de forma genuína, trazem por si só uma mensagem para os envolvidos de que "estamos nisso juntos", o que tende limitar o campo dos conflitos a um espaço em que as ações e reações não afetem o relacionamento das pessoas que representam as partes nem a substância do que está em jogo. As partes valorizam o resultado e também a jornada percorrida no desenvolvimento da negociação, a coerência com princípios éticos e os valores demonstrados.

Por isso, diante de táticas destrutivas adotadas por interlocutores competitivos, é recomendável utilizar, sempre que possível, contramedidas ao seu alcance, para neutralizar ou minimizar essas táticas. No entanto, nem sempre é possível obter êxito no processo.

Nesse caso, cabe solicitar auxílio de intermediários ou mediadores para buscar o entendimento. Os critérios e princípios de referência para o relacionamento, quando definidos de forma justa e mutuamente aceita no início de qualquer processo de negociação, contribuirão também para a ação conciliatória de terceiros. Terceiras partes, não envolvidas, poderão focalizar os interesses de forma neutra, por não estarem vinculadas às posições.

Interesses e posições

Ao iniciar uma negociação, os negociadores são motivados pelo propósito de viabilizar seus interesses e se empenham em conseguir ganhos relacionados à substância da negociação. Os interesses resumem as razões pelas quais os negociadores exigem algo que tenha valor para eles, visando satisfazer suas necessidades, aspirações, preocupações, temores, esperanças e desejos.

Os interesses são diferentes das posições assumidas durante a interação. As posições podem ser entendidas como formas de definir de maneira clara e tornar tangíveis os objetivos, declarar pressupostos. Marcar posição pode significar fixar-se num ponto ou faixa. Transigir significa tornar-se flexível quanto às posições, considerando que não existe uma única maneira de viabilizar os interesses e, por conseguinte, satisfazer as necessidades. As posições orientam decisões que as pessoas tomam sobre como se comportar em uma negociação e, normalmente, essas posições se expressam através de exigências (preços, descontos, prazos, cronogramas, níveis de qualidade de produtos e serviços, em suma, exigências substantivas).

Quando o negociador se fixa em posições, reivindicando valor por meio da barganha e não trocando as informações sobre os reais motivos que o levam a negociar, ele dificulta a produção de acordos sensatos e criativos. A limitação das opções reduz as possibilidades de ter seus interesses atendidos.

A cada etapa da execução de uma negociação, quanto mais se reafirma e defende a posição, contra-argumentando com a outra parte, involuntariamente se aumenta o compromisso com a posição defendida, dificultando uma futura solução de consenso. Os negociadores experientes sugerem não se concentrar somente no óbvio, mas sim na proposição de soluções alternativas às necessidades, buscando metas realistas; sugerem também não dizer "não", a menos que se tenha um bom motivo.

Na exploração dos interesses, são também atitudes relevantes: identificar as necessidades subjacentes dos diversos *stakeholders* envolvidos; testar os pesos dos valores alternativos que possam atender as partes, a fim de verificar os de maior relevância; pedir opiniões, obter informações confiáveis e detalhadas; ouvir ativamente e anotar os dados obtidos. Testar hipóteses para confirmar o real interesse e sumariar representa a base para acordos no plano relacional. Finalmente, na hora de propor, focalizar os benefícios a serem obtidos e os ganhos decorrentes do que está sendo negociado, ressaltando para cada atributo mencionado pelo outro, na fase de exploração dos interesses, como a proposta atende o que foi mencionado. Isso faz com que as partes se sintam inseridas na construção do consenso.

Construção de consenso

Toda busca de resultados em contextos complexos é baseada no princípio da busca de soluções participativas. Considerada um processo para solução de conflitos de disputas complexas e de tópicos variados, a busca de consenso envolve múltiplos atores, como o poder público e seus agentes reguladores, comunidades, empresas e sociedade civil organizada, entre outros.

Tal processo permite que os atores interessados na questão — *stakeholders* — trabalhem juntos para encontrar soluções aceitáveis pelas partes. A construção de consenso é importante nas sociedades democráticas, pois existem muitos problemas que afetam diversos atores com interesses distintos. É utilizada, por exemplo, na área de projetos, em empreendimentos que podem gerar impactos ambientais significativos, tais como o deslocamento compulsório de populações, alterações significativas no meio físico (solo, água e ar), biótico (plantas e animais) e socioeconômico (seres humanos).

Na maioria das vezes, os gestores dos projetos mencionados devem realizar audiências públicas sobre o empreendimento, para a apresentação à população e à sociedade civil organizada. Para evitar surpresas durante as audiências, o empreendedor deve realizar um estudo de impacto ambiental completo, divulgar o empreendimento e propor medidas mitigadoras e compensatórias negociadas com os diversos atores. Coordenadas por órgãos ambientais, as audiências muitas vezes geram conflitos, mas criam a oportunidade para a sociedade manifestar sua opinião e sugerir medidas que visam reduzir e compensar os impactos negativos e maximizar os impactos positivos gerados pelo empreendimento.

Na construção de consenso com as partes, a realização de reuniões prévias, uma das etapas do processo, como mostra o quadro 2, é essencial.

Quadro 2

ETAPAS DA CONSTRUÇÃO DE CONSENSO

1. Identificação do problema 2. Identificação e recrutamento dos participantes 3. Reunião do processo (fixação de fundos, escolha de local neutro para reuniões e seleção de mediador/ facilitador)	4. Desenho do processo 5. Definição e análise do processo 6. Identificação e avaliação das soluções alternativas 7. Tomada de decisões 8. Aprovação do acordo 9. Implementação do acordo

Fonte: Burgess e Spangler, 2003.

Nas reuniões do processo reside a possibilidade de comunicar com clareza os impactos do projeto, declarar os valores da organização e seus objetivos, explicar suas limitações, ressaltar os impactos positivos (geração de renda, empregos, impostos etc.), passar segurança e construir alianças. Entender claramente as necessidades e os interesses dos agentes permite construir soluções negociadas pelo mérito, que viabilizem o empreendimento, atendam as partes, separem as pessoas dos problemas e legitimem as proposições para que todos se sintam tratados com justiça.

É preciso destacar que a propensão do negociador para tratar as questões de relacionamento, percepção e emoção, coordenação e decisão, comunicação verbal e não verbal, clima, relacionamento e interdependência, assim como para tratar dos princípios, interesses e posições e a construção de consenso, manifesta-se através de características que têm sido objeto de pesquisas específicas no campo das negociações. Conhecer e aprimorar essas características é determinante para a qualidade das intervenções.

Características do bom negociador

São considerados bem-sucedidos os negociadores que possuem um histórico de obtenção de acordos e baixo índice de falhas de implementação. Para caracterizá-los, destacamos a pesquisa de John Hammond, adaptada de lista de perguntas,[6] na qual buscava evidenciar a importância relativa das características de um negociador eficaz[7] e suas atitudes em relação à negociação. Reproduzimos, na tabela 2, as 10 características consideradas mais importantes por negociadores norte-americanos para um desempenho eficaz do negociador.

Tabela 2

Características consideradas importantes por negociadores norte-americanos

Característica		Média*
1	Capacidade de planejamento e preparação	4,8
2	Conhecimento do tema/assunto	4,5
3	Capacidade de raciocinar clara e rapidamente sob pressão e incerteza	4,5
4	Capacidade para expressar ideias verbalmente	4,4
5	Habilidade para escutar	4,4
6	Capacidade de julgamento e inteligência geral	4,3
7	Integridade	4,2
8	Capacidade de convencimento/persuasão	4,1
9	Paciência	4,0
10	Decisão	3,9

* O resultado apresentado no quadro foi obtido a partir da média de pontuações a respeito da importância da característica mencionada, numa escala Lickert de cinco pontos.

[6] Elaborada por Chester Karrass (1968:242-244).

[7] A partir de 34 importantes características, adaptadas das perguntas originalmente desenvolvidas por Karrass e destacadas por Howard Raiffa (1991:121-123).

Sabemos que as formas de abordar as situações são influenciadas pelo contexto e pelo objeto das negociações, e são também fortemente afetadas pelas diferenças decorrentes da diversidade cultural dos negociadores; por isso, é fundamental conhecer o que pensa o negociador brasileiro.

O negociador brasileiro

Com base nas mesmas questões utilizadas por John Hammond, foi elaborado por Carvalhal (2005) um questionário similar adaptado,[8] e realizou-se uma ampla pesquisa com 4.248 participantes de cursos de negociação,[9] entre novembro de 2002 e julho de 2005. Na pesquisa elaborada por Carvalhal (2005:42):

> Os participantes da pesquisa escolheram dentre as 40 características as mais importantes. Foi solicitado que identificassem as cinco características a partir da seguinte formulação: "Considerando as características que influenciam positivamente o desempenho de negociadores em situações de negociação, quantifique o grau de importância que tem cada um dos atributos ou capacidades a seguir mencionados". A seguir, em equipes, selecionaram entre as alternativas as características mais importantes.

---

[8] Baseado em um questionário original com 34 características, que foi ampliado para 40, com a intenção de explorar melhor as ideias que apareciam numa mesma questão — como, por exemplo, "capacidade de julgamento e inteligência geral" foi dividida em "julga" e "inteligência geral desenvolvida". Além disso, para cada uma das 40 características, foi redigido um breve texto esclarecedor.

[9] Cursos de Formação de Negociadores, cursos de especialização em nível de pós-graduação *lato sensu* da Fundação Getulio Vargas do Rio de Janeiro, assim como nos Cursos de Formação de Negociadores da Unisinos do Rio Grande do Sul, além dos cursos específicos *in company* para empresas. Esses negociadores brasileiros, que participaram de 145 cursos de negociação conduzidos de norte a sul do Brasil, com as mais diversas formações, de todos os tipos de empresas e segmentos de atividade, envolvidos com uma diversificada gama de negociações, contribuíram para uma percepção mais acurada do que valorizamos como características do bom negociador.

A tabulação (apresentada na tabela 3) foi feita a partir das cinco características escolhidas pelas turmas, em cada uma das 145 amostras consolidadas.

Tabela 3

CARACTERÍSTICAS CONSIDERADAS IMPORTANTES POR NEGOCIADORES BRASILEIROS

	Característica	Pontos
1	Conhecimento do tema/assunto que está negociando	554
2	Raciocina clara e rapidamente sob pressão e incerteza	314
3	Planeja e prepara	301
4	Escuta	167
5	Autocontrole para deixar/não deixar transparecer emoções	156
6	Persuasivo	147
7	Ganha a confiança da outra parte	128
8	Comunica-se de forma expressiva	91
9	Íntegro	88
10	Decide	61

Fonte: Pesquisa elaborada por E. do Carvalhal, a partir da pesquisa dessa questão entre 4.248 participantes de 145 cursos de negociação realizados em todo o Brasil, no período de 2002 a 2005.

Existem muitas similaridades entre as características consideradas importantes por norte-americanos e brasileiros: a valorização da racionalidade do processo (planejamento e preparação, conhecimento do tema), com influência direta nos *aspectos substantivos* das negociações; a comunicação e a integridade, associadas aos *aspectos relacionais*.

Podemos agrupar as características consideradas importantes em sete conjuntos, conforme apresentado no quadro 3.

As características dos negociadores consideradas *importantes* (apresentadas anteriormente) referem-se a um ideal baseado nas práticas de bons negociadores. O que é *efetivamente praticado* pelos negociadores brasileiros precisa ser conhecido.

Quadro 3

Sete conjuntos de características consideradas mais importantes pelos negociadores

Capacidade de planejamento e preparação
Conhecimento do tema/assunto que está negociando
Capacidade de raciocinar clara e rapidamente sob pressão e incerteza e decidir
Habilidade para escutar
Comunicar-se de forma expressiva; capacidade para expressar ideias verbalmente; capacidade de convencimento e persuasão
Integridade e capacidade de ganhar a confiança da outra parte
Autocontrole e paciência

Características praticadas pelo negociador brasileiro

Com a finalidade de conhecer as práticas do negociador brasileiro, realizamos uma pesquisa[10] que visou buscar um entendimento do quanto as características estão próximas ou distantes daquelas consideradas importantes pelos bons negociadores e quais os motivos. A partir dos resultados obtidos, destacamos as nove características mais manifestadas, conforme o quadro 4.

Os brasileiros reconhecem a importância dos aspectos mais estruturados e lógicos das características, ou seja, aquelas baseadas numa racionalidade maior (quadro 5), porém praticam aquelas mais orientadas para o relacionamento. Nesse aspecto, não observamos, pelo resultado da pesquisa, nenhuma distinção significativa entre mulheres e homens.

Quando nos deparamos com os resultados da pesquisa, na perspectiva do que é efetivamente praticado pelos negociado-

[10] Tomando como base o questionário elaborado pelo professor Carvalhal, composto por 40 características, foram aplicados diretamente pelos autores deste livro questionários a 376 alunos de 11 cursos de MBA da FGV, nas cidades de Campinas, Goiânia, Joinvile, Londrina, Niterói, Porto Velho, Rio de Janeiro, Santo André, São José dos Campos, Sorocaba e Vitória, no período entre 28 de julho e 17 de setembro de 2005.

res pesquisados, identificamos que três grupos predominantes de características podem ser compostos:

- aspectos relacionais — cooperativo, afável, escuta e empático;
- valores morais — íntegro, sincero e ganha a confiança da outra parte;
- racionalidade — determinado e decide.

Quadro 4

CARACTERÍSTICAS DOS NEGOCIADORES BRASILEIROS

Característica	Média (considerando uma escala Likert de 5 pontos)			Classificação geral
	Mulheres (N = 110)	Homens (N = 257)	Total (N = 367)	
Íntegro	4,7	4,7	4,7	1
Cooperativo	4,4	4,3	4,4	2
Sincero	4,4	4,2	4,3	3
Afável	4,3	4,2	4,2	4
Determinado	4,1	4,0	4,0	5
Escuta	4,0	4,0	4,0	6
Ganha a confiança da outra parte	4,0	4,0	4,0	7
Decide	4,0	4,0	4,0	8
Empático	4,1	3,8	3,9	9

Por si só, a comparação entre o que é praticado (quadro 4) e o que é valorizado (tabela 3) evidencia uma predominância da improvisação e do relacionamento, em detrimento da racionalidade nas negociações. Isso aponta a necessidade de fortalecer as características de negociação através do conhecimento mais aprofundado dos modelos mentais que a teoria da negociação propõe. É fundamental apontar a tomada de consciência de que o negociador brasileiro, de uma forma geral, precisa incorporar elementos lógicos e racionais ao seu arsenal de habilidades, para que possa aumentar seu potencial de influência nas negociações, especialmente naquelas que ocorrem em contextos de diversidade cultural.

A diversidade nas negociações

Uma grande diversidade de fatores individuais pode afetar o desenvolvimento de negociações, tais como a crescente inclusão da mulher no mercado de trabalho, o envelhecimento da faixa etária profissional, a globalização de empresas que implantam novos projetos em outros países, a inclusão de minorias em áreas onde eram discriminadas entre outros. Em grupos heterogêneos (Wagner III e Hollenbeck, 1999), surgem diferenças relacionadas às características demográficas, culturais, de aptidão física (força muscular, resistência e qualidade de movimento), de aptidão cognitiva geral (verbal, quantitativa, de raciocínio e espacial) e de personalidade (extroversão, afabilidade, ajustamento emocional, senso de responsabilidade).

Diferenças individuais e aspectos multiculturais

Similaridades e diversidade cultural estão no centro do interesse da antropologia cultural. Os indivíduos de uma dada região diferem, em geral, dos de outra, por isso são objeto de estudo. As pessoas preferem associar-se a outras que apresentam mais semelhanças com elas na forma como percebem, interpretam e agem. Essa preferência acaba por aumentar o distanciamento dos grupos, e pressupostos básicos, considerados válidos pelo grupo, são ensinados a outros membros do grupo como a maneira correta para perceber, pensar e sentir o ambiente. A diversidade, se não administrada corretamente, tende a reduzir a coesão, porém pode converter-se em uma fonte de vantagem competitiva sustentável, quando encontra complementaridades num contexto competitivo.

As organizações ou projetos com grupos plurais e multiculturais com grande diversidade apresentam desafios maiores de coesão, embora manifestem um potencial positivo para a criatividade, inovação, flexibilidade e solução de problemas. Segundo especialistas, grupos com culturas adaptáveis à mudança tendem a apresentar desempenho superior.

Frequentemente, os indivíduos e negociadores de subculturas regionais ou empresariais que apresentam comportamentos diferentes dos grupos mais influentes são erroneamente avaliados, tendo suas aspirações, capacidade e contribuição desprezadas. Os estereótipos atribuídos a esses indivíduos causam preconceitos, conflitos, desmotivações, frustrações e, muitas vezes, subutilização das habilidades potenciais (Bateman e Snell, 1998).

Com a finalidade de superar as dificuldades de compreensão mútua em um contexto multicultural, é fundamental entender como somos vistos, tanto quanto ser capaz de compreender a natureza dos outros. Obter informações sobre hábitos e costumes culturais das pessoas com as quais se vai negociar diminui a probabilidade do cometimento de gafes, demonstra interesse pelo próximo e auxilia no entendimento do *timing* da negociação.

Muitos especialistas recomendam a abstenção de comentários de cunho pessoal sobre a outra parte e seu contexto cultural, região, país, mantendo-se uma atitude firme, mas afável, para evitar conflitos culturais ou de relacionamentos durante as negociações.

Entre os especialistas em negociação, há uma unanimidade em recomendar a importância de compreender de que maneira os negociadores fazem uso de suas energias, através de estilos e comportamentos de negociação. E quando essa compreensão é alcançada, representa um grande diferencial na caracterização dos diversos atores presentes no processo de negociação.

Estilos e comportamentos dos negociadores

Dispor de modelos que ajudem na percepção estruturada, destinada a entender seus próprios estilos e os de seus interlocutores, funciona como uma referência para subsidiar posicionamentos estratégicos e passos táticos, fortalecendo o planejamento e as intervenções durante a fase de exploração nas negociações.

Os principais modelos fazem uso de instrumentos de avaliação baseados nos estudos de especialistas na teoria da personalidade, como Carl Jung, Karen Horney, Erich Fromm, entre outros (Schultz e Schultz, 2002). Especialistas em comportamento e estudiosos de negociação adaptaram esses estudos para o contexto específico das negociações.

Um dos mais conhecidos é o Indicador de Tipos Myers-Briggs (MBTI),[11] baseado no interesse em encontrar similaridades e diferenças entre as personalidades, e apoiado nos tipos psicológicos propostos por Carl Jung. O MBTI é muito utilizado para pesquisas e finalidades aplicadas, como seleção de pessoas, aconselhamento de carreira e negociação. O teste tornou-se o método principal de pesquisar os oito tipos psicológicos e as atitudes de introversão e extroversão de Jung. De acordo com o MBTI, existem dimensões, ou conjuntos-chave de preferências, que afetam a forma como as pessoas se desenvolvem e atuam. Essas são as formas como as pessoas: obtêm e usam sua energia; percebem, coletam e absorvem informações; tomam decisões; e organizam suas vidas. Cada uma dessas dimensões apresenta duas possibilidades opostas que diferentes pessoas preferem. O modelo, estruturado no quadro 5, permite a ocorrência de 16 combinações de possibilidades.

---

[11] Elaborado na década de 1920 por Katherine Cook Briggs e Isabel Briggs Myers.

Quadro 5

MODELO MBTI (MYERS-BRIGGS TYPE INDICATOR)

Dimensões	Possibilidades	
Como a pessoa obtém sua *energia*?	E — Extroversão	I — Introversão
Como a pessoa *percebe*?	S — Sentidos	N — Intuição
Como a pessoa *decide*?	T — Pensamento	F — Sentimento
Como a pessoa se *organiza*?	J — Julgamento	P — Percepção

Fonte: Adaptado de Kummerow, Barger e Kirby (1997).

Alguns consultores tomam como base a teoria dos estilos,[12] que agrupa as pessoas, negociadores ou não, em quatro estilos básicos, definidos a partir de pares de características. O primeiro par é o *dominante-condescendente* e o segundo, o *formal-informal*. Assim algumas pessoas podem ser: *catalisadores*, *apoiadores*, *analíticos* e *controladores*.

Um modelo importante, específico para negociadores, fundamenta-se na observação das energias e toma como base o estudo sobre as tendências da personalidade para o domínio e a submissão.[13] Tendo como foco a aplicação no campo das negociações, o modelo do *Positive Negotiation Program* (Berlew et al., 1984) é utilizado para compreender e analisar as interações humanas, quando indivíduos procuram influenciar os outros nas negociações. São identificados cinco estilos diferentes, ou modos de usar as energias.

As *práticas de influência situacional* nas negociações sustentam-se no aprimoramento de cinco *estilos de influência* para fortalecer o arsenal de alternativas utilizadas por diferentes pessoas, visando influenciar seus interlocutores no decorrer do processo de negociação: *persuadir*, *afirmar*, *engajar*, *atrair* e *afastar*.

---

[12] Proposta por Costacurta Junqueira (Wanderley, 1998).

[13] Com base nos trabalhos de Karen Horney (Schultz e Schultz, 2002).

Alguns consultores[14] utilizam esse modelo como um dos elementos necessários à formação de negociadores, pois ele tem as referências essenciais para focalizar de maneira objetiva os estilos e comportamentos de influência utilizados pelos negociadores em contextos práticos da ação comunicativa, com impactos diretos sobre a capacidade de projetar credibilidade e angariar confiança.

Credibilidade e confiança

As características relacionadas à credibilidade são valorizadas pela sua capacidade de projetar confiança para a outra parte, levando a fortalecer a crença de que o acordo alcançado terá maiores probabilidades de ser implementado de forma eficaz. Por isso questões éticas, de princípios e valores estão sempre presentes nas negociações. Questionamentos sobre o blefe e a mentira são permanentemente considerados. Lewicki e colaboradores (2002:208) afirmam:

> A maioria das questões éticas na negociação é sobre revelar a verdade — o grau de honestidade, sinceridade e abertura que o negociador deve ter. A atenção aqui é mais no que os negociadores dizem (e como eles dizem) do que no que eles fazem (embora os negociadores possam agir de forma antiética também).

Os bons negociadores, especialmente no âmbito das negociações positivas, atribuem elevado valor à credibilidade e à necessidade de ganhar o respeito e a confiança da outra parte. Assim, comunicação aberta e relacionamento franco têm papel relevante para a sua imagem.

---

[14] Eugenio do Carvalhal, Geraldo Ferreira, Marcelo Knust Rolim, Rômulo Gouvêa, com base em Carvalhal (2001).

Precauções associadas ao relacionamento

Entre muitas precauções e orientações sobre os aspectos relacionais ou que interferem nos aspectos relacionais, algumas merecem destaque. Dedicar atenção ao local onde ocorrerá a reunião e a fatores logísticos tenderá a minimizar o estresse decorrente de qualquer interação que se inicie. Assim, é importante pensar em: segurança pessoal, transportes necessários, hospedagem, equipamentos apropriados para apresentações (projetores, computadores etc.), temperatura agradável, limpeza, ventilação adequada, nível de ruído, alimentação no caso de programação extensa, iluminação e mobiliário (mesa preferencialmente redonda e cadeiras confortáveis). Evitar fumar, atender telefone e minimizar as interrupções não programadas.

Embora racionalmente tidos como vantajosos, os produtos de muitos processos de negociação são contaminados por fatores externos. Por isso, em negociações associadas aos relacionamentos de longo prazo, como nos ambientes organizacionais, redes logísticas, alianças e gerenciamento de projetos, muitos desafios precisam ser superados.

Os desafios relacionais no desenvolvimento de projetos

Novos projetos demandam mudanças e causam resistências nas pessoas. No plano relacional, os projetos promovem revisões de cargos em decorrência de modificação nos processos, mudanças organizacionais e alterações nas hierarquias funcionais. Para lidar com as resistências, a negociação é uma alternativa eficaz.

No ambiente de projetos, a diversidade de atores, a multiplicidade de interesses e a abrangência das atividades causam resistências de natureza distintas. Ao líder de projetos cabe obter, trocar, compartilhar, mobilizar e desmobilizar adequadamente os recursos necessários para a sua realização, em cada uma das fases, pois os diferentes recursos (financeiros, tecnológicos, físicos, de inovação, humanos) utilizados são compartilhados, o que exige muitas negociações.

Na implementação de projetos, a gestão do conhecimento é uma atividade crítica, por ser realizada por pessoas — seu recurso fundamental —, e elas precisam estar engajadas para que ocorram avanços com qualidade. O recurso humano altamente qualificado, detentor de habilidades e conhecimentos específicos, é caro e escasso, e, quando administrado corretamente, é considerado uma fonte de vantagem competitiva sustentável. Por isso, para construir relações de longo prazo, reter esse tipo de recurso qualificado contribui para criar uma imagem de credibilidade e favorecer uma cultura organizacional positiva.

Neste capítulo, apresentamos os principais aspectos relacionais presentes nas negociações. Como vimos, os aspectos relacionais tratam dos comportamentos, práticas e ações adotados pelas pessoas, além das emoções envolvidas quando interagem com outras que representam a si mesmas ou outras partes. Tomamos contato com modelos e pesquisas sobre as características dos negociadores. Tais referências servem para identificar e facilitar a interação com seus interlocutores, visando maximizar os resultados relacionais em situações nas quais se busca o melhor produto das intervenções. No próximo capítulo, focalizaremos os aspectos substantivos presentes nas negociações e na administração de conflitos.

3

Negociação e administração de conflitos: aspectos substantivos

No capítulo que iniciamos, vamos descrever e exemplificar os principais aspectos substantivos que estão presentes nas negociações. Tais aspectos estão associados ao conteúdo e são determinantes para qualificar o objeto e os resultados concretos que se espera obter ao final de uma negociação. Eles podem ser classificados em dois grandes grupos: os tangíveis e os intangíveis.

Entre os principais aspectos tangíveis, podemos destacar aqueles ligados ao escopo, aos produtos e serviços que estão em jogo: seus valores, qualidade, prazos, preços, formas de contratação, especificações e natureza dos recursos.

Já os intangíveis estão ligados aos níveis de satisfação das partes com a natureza do processo de negociação e sua qualidade, pauta e agenda, estratégia e processo decisório, além dos cronogramas e das metas intermediárias a serem atingidas.

Negociação no plano substantivo

Em um processo de negociação, é fundamental buscar conhecer a maior quantidade de informações associadas à satisfação de suas necessidades, pois "todo negociador quer chegar a um acordo que satisfaça seus interesses substantivos" (Fisher et al., 1994:38).

O objeto de negociação pode ser um ou vários dos elementos em torno dos quais os interesses se manifestam: características técnicas e qualidade esperada de produtos e serviços, quantidades, garantias, prazos, assistência técnica, apoio operacional, preços, tributos e taxas, tarifas, acesso a mercados e formas contratuais, entre outros.

Aliados aos elementos citados, outros fatores influenciam na quantificação e qualificação dos resultados possíveis de serem alcançados: o conhecimento do setor onde se insere o objeto, incluindo o conhecimento das partes envolvidas; atuais e potenciais fornecedores e clientes; o equilíbrio de poder existente no mercado e no contexto específico onde a negociação vai ocorrer.

Os fatores antecedentes devem também ser levados em conta, pois muitas vezes são objeto preliminar de negociação: a pauta; a agenda, cronogramas ou fases; o local onde a interação se dará e a forma a ser adotada para que o processo negociador possa avançar e produzir seus efeitos.

Esses objetos de negociação podem ocorrer de forma sequencial, ser abordados de forma independente ou agrupados, conforme as posições e interesses das pessoas e das partes envolvidas no processo de negociação, visando os resultados desejados.

No contexto do gerenciamento de projetos, por exemplo, as negociações ocorrem em nove áreas, conforme o quadro 6, assumindo características diferentes, dependendo da importância e do peso dos aspectos relacionais e substantivos envolvidos.

Em todas essas áreas e em cada uma delas, os conflitos podem ser intensos e as negociações difíceis, pois, de forma geral, esses são os territórios onde as divergências e os antagonismos ocorrem. Nelas, também, as negociações, quando conduzidas e encerradas com êxito, potencializam as oportunidades. Seja qual for o objetivo final de uma negociação, esses nove elementos costumam estar intimamente ligados e a alteração de um deles quase sempre afeta os demais.

Quadro 6

VISÃO GERAL DAS ÁREAS DE NEGOCIAÇÃO EM GERENCIAMENTO DE PROJETOS

1. Integração	2. Escopo	3. Tempo (prazo)
4. Custos (preço)	5. Qualidade	6. Recursos humanos
7. Comunicações	8. Riscos	9. Aquisições

Fonte: Adaptado de *PMBOK Guide* (2008).

A exemplo do gerenciamento de qualquer projeto (*PMBOK Guide*, 2008), as negociações no plano substantivo são *realizadas por pessoas*, ocorrem em contextos *limitados por recursos definidos* e devem ser *planejadas, executadas e controladas*.

Neste capítulo, em função da frequência com que ocorrem no contexto da gestão, daremos especial atenção às negociações de escopo, qualidade, prazos, preço e aquisições.

Por tudo isso, é importante planejar e definir o posicionamento estratégico que será utilizado, levando em conta as metas que deverão ser atingidas, durante as diversas etapas que compõem o processo de negociação, considerando-se a interdependência desses aspectos substantivos. No capítulo 1, vimos, no quadro 1, que as etapas de uma negociação podem ser divididas em:

Fases	Estágios
Planejamento	Planejamento Preparação
Execução	Preliminar Abertura Exploração Encerramento
Controle	Controle das condições Avaliação

Seja qual for o objeto a ser negociado, as fases não se alteram. Cada uma delas pode consumir mais ou menos energia, porém o sucesso em uma negociação depende fundamentalmente do esforço, experiência e inteligência que o negociador dedica a cada uma dessas fases e estágios. A negociação é um processo que se modifica a cada momento, pois as partes atuam para se influenciarem mutuamente; por isso, a atenção a cada detalhe é um imperativo para o bom negociador. Tomando como referência a estrutura do gerenciamento baseado em projetos, o foco nos aspectos substantivos concentra a atenção do negociador nos *dados necessários* (conhecimentos e habilidades) para abordar o processo em curso, nas *ferramentas e técnicas* que viabilizarão o posicionamento estratégico e os passos táticos durante a execução, e naquilo que de concreto ele realmente deseja obter como *resultado*, satisfazendo requisitos e necessidades identificadas (*PMBOK Guide*, 2008).

A importância do escopo

O escopo define os processos e as atividades necessárias para viabilizar o que será entregue após o acordo e a contratação. O *escopo* é o aspecto substantivo do qual pode derivar uma série de negociações, em especial, as de *qualidade*, *prazos*, *preço* e *aquisições*, além das associadas a *recursos humanos*, *comunicações* e *riscos*.

Planejando a negociação do escopo

Alguns cuidados devem ser levados em conta ao se planejar uma negociação de escopo, pois nem sempre o negociador tem o conhecimento necessário para definir com clareza qual será o escopo. Na relação com clientes, por exemplo, não é rara a situação em que, quando inicia o processo de negociação, o cliente ou fornecedor não sabe exatamente o que quer.

No Caso Aquisição, a empresa brasileira investiu muita energia para identificar empresas que atuavam no segmento específico nos Estados Unidos. Além disso, fez uma ampla pesquisa para conhecer o que fosse possível sobre as empresas com potencial de serem adquiridas. A busca visava encontrar, entre as empresas, aquela que tivesse as características mais adequadas às suas expectativas — o escopo do trabalho.

No Caso Cope, a Intersis, empresa distribuidora, desejava que a Cope — o cliente — escolhesse o *leasing* como forma de pagamento da parcela principal, enquanto para a TEC, empresa de TI, qualquer opção seria indiferente. A opção pelo *leasing* é uma parte fundamental do escopo da negociação para a Intersis, enquanto é secundária para a TEC.

Já no Caso Dryland, a empresa não tem uma definição clara do resultado que espera obter na exploração do campo de água potável, visto existirem inúmeras variáveis que representam riscos importantes para o empreendimento. Por isso, como parte do escopo da renegociação, na perspectiva da Watoilgas, os contratos novos a serem firmados deverão assegurar parâmetros de retorno do investimento.

Os negociadores precisam ter claramente definidos os níveis de qualidade desejados. Como é possível ter acesso a novas fontes de suprimento que adicionem valor? Onde pesquisar? Quem pode ajudar, acrescentando mais *know-how* ao conhecimento já obtido? Uma consultoria? Especialistas? No Caso Aquisição, a empresa brasileira contratou a assessoria em uma empresa especialista norte-americana.

Quais são as limitações da parte representada? Capacidade produtiva? Acesso a insumos? Só tem um fornecedor ou cliente? No Caso Cope, a Companhia de Projetos Especiais poderia escolher outros fornecedores na rede de distribuidores da TEC para adquirir os *desktops*, se não desejasse fazê-lo com a Intersis.

E quanto ao prazo e cronogramas, quanto ao tempo? No Caso Cope, o tempo estava correndo e o cronograma de implementação do projeto pressionava a Companhia de Projetos Especiais; por outro lado, o tempo tornava a Intersis mais vulnerável, pelas pressões sobre o seu fluxo de caixa, com impacto direto na capacidade de manter os seus funcionários. No Caso Dryland, perturbações políticas e/ou tributárias poderiam ter impacto direto no prazo de exploração comercial do empreendimento. No Caso UHE, o atraso nas negociações comprometerá o retorno financeiro previsto, caso a entrada em operação do projeto seja adiada.

Preço? No Caso Aquisição, foi definido um valor máximo de US$ 30 milhões para a aquisição do controle acionário da empresa norte-americana. Já no Caso Dryland, as limitações são inúmeras: a incerteza sobre a estabilidade política do país; a vulnerabilidade do marco regulatório, ou seja, as leis do país; a efetiva existência de água nas condições estimadas na fase de contratação; o fornecedor é um só, o país Dryland — tudo isso afeta o preço. No Caso UHE, o valor pago aos proprietários na área do canteiro de obras servirá de referência para todas as demais 2 mil negociações com os outros proprietários atingidos.

Quais são as fontes/fornecedores onde é possível obter esse objeto? Na cidade? No Brasil? No exterior? Nos Casos Aquisição e Dryland, o objeto da negociação estava localizado no exterior (Estados Unidos e Dryland). Ou seja, o universo de pesquisa e desenvolvimento de fontes de suprimento ultrapassou as fronteiras nacionais. No Caso Cope, a fonte de parte do objeto da negociação, o hardware, estava em outro estado do Brasil, tendo como implicações as diferenças tributárias entre estados e possíveis oportunidades de redução de custos.

Que aspectos do escopo são fundamentais e, por isso, não podem ser alterados e em quais é possível ter mais flexibilidade? No Caso Aquisição, um dos aspectos do escopo que teve flexibilidade foi a localização geográfica de empresa. Ela poderia estar em qualquer estado dos Estados Unidos. Já a limitação de investir até US$ 30 milhões para adquirir o controle da empresa representava uma restrição que eliminou várias das 50 empresas pré-selecionadas. No Caso Cope, a Companhia de Projetos Especiais não poderia mais abrir mão da solução de hardware e software negociada com a TEC, pois isso inviabilizaria o cronograma de um importante projeto com o qual estava envolvida. No Caso Dryland, a cobrança de *royalties* de 20% sobre a produção é uma importante limitação do projeto. Uma eventual elevação desse percentual pode causar um severo impacto na economicidade do empreendimento. No Caso UHE, a localização geográfica da futura cidade, a arquitetura das novas casas e a nova infraestrutura urbana devem ser objeto de negociação com os atingidos, com representantes dos poderes públicos e da sociedade civil organizada.

Os elementos passíveis de negociação no aspecto escopo podem ser ainda: a quantidade; características técnicas e materiais, cores e embalagem; capacidade, desempenho e consumo; composição, resistência e durabilidade; garantias, reposição, assistência técnica e treinamento; segurança, riscos e seus controles; aspectos contratuais, legislação e incidência de impostos. Esses elementos precisam estar associados a parâmetros, referências, regras, normas que permitam avançar nas negociações, com base em critérios objetivos.

Os critérios objetivos na negociação do escopo

Em uma negociação, a utilização de critérios objetivos na definição do escopo tende a reduzir o estresse, facilitando o acordo, preserva o relacionamento e ajuda na construção de uma ponte para futuras transações. Na medida do possível, o negociador deve procurar identificar, entre os critérios objetivos, aqueles que podem ser aceitos pelos envolvidos. Critérios definidos por instituições especializadas, terceiras partes credenciadas, resultantes de acordos em altos níveis hierárquicos, ou baseados em leis, normas e marcos regulatórios têm uma probabilidade maior de serem aceitos sem discussão pelas partes. Tabelas comparativas e de condições obrigatórias e precedentes que definem as "regras do jogo" devem ser buscados para ajudar a balizar as expectativas dos envolvidos.

No Caso Aquisição, uma grande quantidade de energia foi empregada na análise comparativa de todas as empresas identificadas. Os critérios e condições foram se tornando cada vez mais excludentes, até que se chegasse a sete empresas potenciais.

No Caso Dryland, o critério de escolha dos lotes e do marco regulatório são aspectos objetivos da negociação que definem o sucesso do empreendimento.

Quanto mais valorizado for o que estiver em jogo e mais complexos forem os projetos, maiores são os cuidados a serem adotados.

Cuidados ao negociar o escopo em projetos complexos

O escopo pode incluir bens tangíveis e intangíveis que precisam ser avaliados pelos negociadores.

No Caso Aquisição, o escopo é amplo, pois abrange o negócio como um todo. Ele inclui todos os bens que constituem o valor de uma empresa em atividade. Entre os bens tangíveis, destacam-se: prédios, instalações, equipamentos, móveis, veículos, enfim todos os bens patrimoniais da empresa. Entre os bens intangíveis, ressaltam: os processos, tecnologias, patentes, recursos humanos, carteira de clientes, carteira de fornecedores e prestadores de serviços, crédito junto a fornecedores e instituições financeiras, marca, credibilidade construída junto à comunidade como um todo.

A mesma complexidade de escopo pode ser observada no Caso UHE, onde cada proprietário tem bens, tanto tangíveis quanto intangíveis, que são valorizados diferentemente pelas partes e precisam ser reconhecidos durante as negociações.

Em projetos complexos, pode ser necessária a criação de uma equipe de negociadores, com conhecimentos e experiências multidisciplinares. No Caso Aquisição, a empresa brasileira, ao decidir adquirir uma concorrente estabelecida nos Estados Unidos, criou uma equipe de especialistas para conduzir o processo de pesquisa, apoiados por um assessor norte-americano. O escopo do projeto teria de ser muito bem definido e caracterizado para cada empresa em particular, e o valor de cada uma seria definido principalmente pela sua capacidade de gerar lucros futuros. Foi feita uma ampla pesquisa que, em uma primeira etapa, envolveu cerca de 50 empresas diferentes e, após uma detalhada análise, foram escolhidas sete delas. Isso mostra que a fase de planejamento da negociação consumiu grande energia com o objetivo de selecionar, entre tantas opções, aquela mais bem ajustada ao escopo. Ou seja, a empresa que, com seu conjunto de bens tangíveis e intangíveis, fosse capaz de gerar maior valor para o comprador.

No Caso UHE, foi feito um meticuloso levantamento dos registros do patrimônio de cada propriedade e da comunidade como um todo, de modo a possibilitar uma avaliação dos aspectos substantivos — tangíveis e intangíveis — a serem negociados.

Se possível, o negociador deve visitar projetos semelhantes ou concorrentes. O negociador deve conversar com clientes, fornecedores, bancos, funcionários, ex-funcionários, advogados, empresas de pesquisa, embaixadas, para buscar ampliar o leque de informações.

No Caso Aquisição, após a abordagem ao dono e principal executivo, e mediante a sua concordância em iniciar a negociação, o foco passou a ser buscar e analisar todas as informações que ainda não tinham sido obtidas nas pesquisas preliminares, baseadas em informações públicas. Agora, junto ao dono, buscavam-se informações completas sobre a empresa, principalmente as gerenciais, que nem sempre o mercado fica sabendo. As informações contidas no documento que o executivo entregou ao presidente da empresa brasileira ajudavam a definir o escopo da compra, ou seja, ele reunia todos os recursos de que a empresa dispunha para gerar riqueza. Na fase seguinte, uma vez conhecido com mais clareza o escopo envolvendo todos os bens tangíveis e intangíveis da empresa norte-americana, a empresa brasileira pode preparar uma proposta de compra e dar início a negociação em si, com base em uma avaliação mais criteriosa.

No Caso Dryland, de forma similar, a equipe da Watoilgas fez uma intensa pesquisa nas áreas com potencial de exploração de água potável em Dryland.

Antever problemas potenciais relacionados ao uso indevido de informações (ou falta de entendimento sobre elas) é um cuidado que todo negociador deve ter. Por isso é importante criar salvaguardas para se proteger de informações sobre fatos ou riscos que só são identificados em fases seguintes do processo de negociação. No Caso Aquisição, quando as bases da negociação já haviam sido concluídas no tocante a preço, condições de pagamento e forma de integração da empresa a ser adquirida, foi feita uma *due diligence* (auditoria na empresa a ser adquirida), com o objetivo de confirmar o escopo. Ou seja, buscar assegurar que tudo o que havia sido declarado nos documentos sobre a composição do escopo, de fato, estava lá e seria efetivamente recebido pela empresa compradora. Desvios identificados no escopo declarado levaram à renegociação do valor inicial. Assim, negociações condicionadas a eventos futuros (como uma caixa-preta cujo conteúdo é desconhecido) precisam ser feitas em muitos momentos do processo negociador.

No Caso Dryland, o escopo do contrato define uma dada área geográfica que será explorada por um determinado tempo, em certas condições comerciais. Em um caso como esse, os contratos envolvem riscos substanciais. Não se tem certeza absoluta sobre a quantidade de água que será encontrada, o que coloca em risco a viabilidade da exploração comercial do empreendimento. Nem se sabe com certeza quanto será necessário investir para atingir o nível de produção esperado. Ou seja, o risco do investimento e o seu retorno dependem da quantidade de água.

O que se observa até aqui é que a construção negociada e a definição do escopo são o ponto de partida para a negociação, pois dele derivam todos os outros aspectos, influenciando o acordo, a contratação e a relação futura entre as partes.

A construção negociada do escopo

A construção do escopo pode e deve, preferencialmente, ser realizada com a contribuição de todos os envolvidos, buscando ampliar o leque de opções, aumentando as chances de ganhos mútuos e facilitando os processos de decisão, de aquisição, de contratação e de implementação. Essa metodologia, conduzida com transparência, sinceridade de propósito e espírito de equipe, pode resultar na melhor solução global para todos. O grande desafio dos envolvidos é buscar o resultado ótimo, ou o mais próximo possível desse resultado idealizado.

A fórmula de sucesso em uma negociação

O negociador Herb Cohen (1980:97) propôs um conjunto de três elementos que são fundamentais para o êxito em uma negociação: tempo, informação e poder. Ao relacionar esses elementos e trabalhar nos seus contextos de forma eficaz, ele prescreve uma fórmula que tem por objetivo estabelecer uma implicação direta com aumento das probabilidades de sucesso.

S (sucesso) = T (tempo/oportunidade) x I (informação) x P (poder)

O sucesso em uma negociação depende da escolha da melhor oportunidade, da obtenção da informação correta e do poder de decisão do negociador. O sinal é de multiplicação (S = T x I x P) e não de soma (S = T + I + P); por isso, se um elemento for zero, o resultado é zero.

- *A melhor oportunidade*. O negociador precisa ter sensibilidade e perceber o melhor momento para negociar e o *timing* para efetuar seus movimentos. Essas oportunidades podem estar relacionadas à oferta maior que a demanda, negociar com a devida antecedência, aproveitar uma data especial, conseguir criar disputa pelo seu dinheiro, importar ou exportar quando o câmbio favorecer.
- *A melhor qualidade de informação*. Conhecer o tema ou assunto objeto de negociação é fundamental. Quanto melhor informado o negociador estiver sobre tudo que afeta o processo, maiores são suas chances de fazer um bom negócio.
- *Mais poder*. Para ter poder, é preciso acreditar que se tem poder — o poder de decisão, de escolha, de influenciar, de buscar e de construir alternativas, de agregar valor envolvendo outras partes. O poder aumenta as chances de sucesso na negociação, por isso o negociador precisa de poder e também precisa negociar com quem ter poder.

Por tudo isso, é fundamental explorar esta tríade — *tempo, informação* e *poder* — para negociar não apenas o escopo, mas também a qualidade, os prazos e o preço. Esses fatores estão entre as causas primárias dos desequilíbrios de poder. E o poder nas negociações, especialmente quando se trata dos aspectos substantivos — níveis de qualidade, prazos e preço —, está intimamente ligado à construção da sua melhor alternativa em caso de não acordo.

Melhor alternativa em caso de não-acordo (Macna)

Como vimos no capítulo 1, a Macna é o melhor resultado que se pode obter na forma de um acordo entre as partes. Ela não existe sozinha, precisa ser construída; por isso cabe ao negociador criar e fortalecer a sua Macna.

No Caso Dryland, as forças oposicionistas que tomaram o poder criaram uma nova Macna, ameaçando estatizar a exploração de água.

No Caso UHE, a Macna da empresa que implanta a usina hidrelétrica está vinculada à possibilidade de solicitar a *desapropriação* das unidades remanescentes.

O fortalecimento da Macna pode ser obtido por meio da busca de melhores alternativas que atendam qualidade, prazos e preços, especialmente nas negociações de aquisições.

Negociação de qualidade

Cada vez mais a qualidade é tratada nas negociações e com maior ênfase, especialmente nos mercados mais exigentes, que valorizam conteúdo e forma. Qualidade é considerada a totalidade das características de um bem ou serviço que os torna capazes de satisfazer às necessidades identificadas ou implícitas, associadas ao objeto de negociação.

A qualidade de um bem ou serviço é vista como a "qualificação" que deve ser demonstrada antes de um fornecedor considerar seu mérito (Baily et al., 2000). Por isso, as especificações de desempenho e conformidade, padrões estabelecidos por normas técnicas, testes, desempenho anterior, reputação, visitas técnicas, referências e certificação de terceiros, avaliação de produtos e serviços estão entre os elementos que contribuem para o êxito do processo de negociação, sendo muitas vezes o objeto central das discussões.

Teste de desempenho foi um dos critérios utilizados para selecionar a TEC, no Caso Cope. Outros critérios contribuíram igualmente para definir o objeto do negócio e a contratação: a confiabilidade do sistema; produtividade, capacidade de ampliação, acesso a suporte e treinamento; solução coordenada por um "integrador".

Visitas a instalações de sete empresas semelhantes pré-selecionadas foram feitas no Caso Aquisição, com o objetivo de se fazer um teste de realidade das pesquisas.

No Caso Cope, fez parte da solução de TI proposta pela TEC e pela Intersis o apoio de especialistas com reputação, para assegurar acordos de níveis de serviços.

Service Level Agreement

O *Service Level Agreement* (SLA) é um documento formal, resultado de um acordo negociado entre as partes envolvidas, normalmente utilizado como tópico integrante, ou anexo, muito usual em contratos de serviços de TI ou telecomunicações. O mais importante objetivo do SLA é especificar os requisitos mínimos aceitáveis de operacionalidade dos serviços objeto de contratação. O descumprimento dos requisitos implica penalidades negociadas *a priori* entre as partes, por isso deve ser baseado em critérios objetivos, mensuráveis e acessíveis aos representantes das partes interessadas. Os fatores usualmente referenciados são: disponibilidade do serviço; requisitos de desempenho; compromissos com tempos, movimentos e prazos.

Negociação de prazos

O reconhecimento do tempo como uma variável-chave e a necessidade de otimizar seu aproveitamento nos projetos e nas cadeias logísticas têm aumentado o grau de preocupação dos negociadores. Cada vez mais se dá atenção aos benefícios que podem surgir do aumento da responsividade e dos compromissos relacionados ao tempo (Baily et al., 2000).

"Tempo é dinheiro", dizem os norte-americanos; já os latino-americanos são conhecidos por sua "flexibilidade" quanto aos prazos. É uma questão cultural que influencia o processo de negociação, mas, na medida em que as partes abordam a questão de forma profissional, o gerenciamento dos prazos tende a ser mais rigoroso.

Principais razões para os prazos serem curtos

A ação dos concorrentes, no Caso Aquisição, com a entrada de uma nova empresa interessada na compra da empresa norte-americana, acelerou o processo de decisão e a revisão da proposta original apresentada pela compradora brasileira.

Podem ocorrer pressões de clientes do contratante, como no Caso Cope, onde a elaboração de um grande projeto de *shopping center* para um cliente da Companhia de Projetos Especiais pressionava todo o cronograma anterior.

O prazo de vigência do contrato, no Caso Dryland, destacava a quantidade de produção de água e a duração do contrato como um dos elementos que definem a rentabilidade do empreendimento.

A pressão dos acionistas pelo rápido retorno sobre o investimento, no Caso Aquisição, fez com que a empresa brasileira estabelecesse o retorno sobre o investimento de 20% ao ano em dólares, como o mínimo. Isso obrigaria a direção da empresa adquirida a aumentar a pressão sobre as vendas, para faturar mais e gerar mais lucro.

No Caso UHE, por se tratar de um projeto de capital intensivo na fase de construção, o atraso na entrada em operação compromete o retorno do investimento, dificultando a captação de recursos para alavancar o projeto.

Problemas orçamentários afetam um projeto que não é bem planejado. Cresce o risco de revisão de escopo, aumentando os custos. Consequentemente, ocorre a dilatação dos prazos, que pode ser inevitável.

Outra razão são mudanças organizacionais nas empresas envolvidas em projetos e rotatividade de recursos humanos críticos, impondo a transferência de pessoas durante um projeto. Pessoas morrem, pedem demissão, são demitidas e isso sempre impacta os cronogramas, que precisam ser revistos, pois afetam compromissos estabelecidos. No Caso Aquisição, na proposta formulada pela empresa brasileira, estava prevista a obrigatoriedade de que o dono da empresa norte-americana permanecesse como presidente por cinco anos. Na eventualidade de sua saída da empresa, as parcelas ainda pendentes pelo pagamento das prestações pela compra das ações seriam suspensas.

Mudança nas regras do jogo e nos marcos regulatórios, como no Caso Dryland, gerou um impacto que afetou o prazo do contrato. Paralelamente, o grau de risco envolvido no negócio requer uma rentabilidade muito alta para o empreendimento e exige que sua exploração se estenda pelo maior prazo possível, visto que grande parte do investimento é feita na fase de pesquisa e de exploração. Nessas condições, o negociador deve dar especial atenção ao prazo concedido para a exploração, pois, quanto maior o prazo, maior a chance de maximizar os resultados.

A alteração na previsão de demanda, no Caso UHE, poderia fazer com que o desequilíbrio entre a oferta e a demanda de energia, por variações da carga prevista (consumo de energia) e por condições hidrológicas diferentes das consideradas no planejamento (a água é o insumo para a geração), alterasse o preço futuro de venda de energia e a atratividade do empreendimento.

Além desses, vários outros aspectos contribuem para o estouro de prazos, como: má definição do escopo; má avaliação dos recursos; estabelecimento de prazos irreais; má gestão dos processos; fatores de força maior, como, por exemplo, clima adverso, greves, falta de energia.

O ciclo vicioso que leva a estouros de prazos

Uma situação bastante comum em projetos — seja o lançamento de uma campanha publicitária, o desenvolvimento de um novo produto, ou a aprovação do término de uma obra — é o cliente demorar muito no seu processo decisório. Na demora para decidir, o cliente acaba apertando o prazo do fornecedor, para compensar sua própria incompetência em administrar prazos. O fornecedor, por sua vez, para não perder o negócio, acaba aceitando prazos irreais, que resultam em atrasos que, como consequência, geram conflitos e comprometem a sua relação com o cliente a longo prazo.

Consequências do estouro de prazos

Boa parte do estresse nas negociações é decorrente das pressões exercidas pelo tempo. Cronogramas apertados e prazos quase sempre muito curtos são a regra geral.

Para prevenir atrasos, os contratos incluem garantias de desempenho, pesadas multas e penalidades na forma de fianças bancárias e compensações contra lucros cessantes. Por isso, os prazos envolvidos nas aquisições, fornecimento ou desenvolvimento de projetos têm influência direta nos custos, pois o atraso pode resultar em prejuízos que vão além dos custos diretamente relacionados ao pagamento de multas, horas extras, contratação de mão de obra adicional e pagamento de compensações. Os atrasos podem também comprometer a imagem do fornecedor, resultando na perda de confiabilidade.

As renegociações de contratos devido ao não cumprimento de prazos podem redundar na falta de acordo entre as partes, sendo necessário recorrer-se a terceiras partes ou à Justiça comum. Essas ações podem tramitar em diversos foros, prorrogando um conflito por anos e prejudicando o bom andamento dos negócios.

O tempo, por seu peso na diferenciação competitiva, é um elemento-chave em um processo de negociação e pode ser usado como um instrumento de poder. O poder do tempo, em contextos distributivos, está quase sempre orientado para limitar as chances da outra parte de construir outra alternativa melhor (Macna) e isso tem um forte impacto nos preços.

Negociação de preços

Quase todos os tipos de organizações são afetados pelos "mecanismos de preço", isto é, a teoria da oferta e da demanda. Nas negociações, está presente a noção de preço de equilíbrio, o que significa que existe, pela ação das partes envolvidas, o foco num equilíbrio (dinâmico) entre custo do produto, valor para o cliente e variáveis de mercado (Baily et al., 2000).

O preço é um dos itens mais discutidos durante as negociações e pode ser influenciado por inúmeras variáveis adicionais: oportunidade; local de compra e entrega; quantidade e escala; condições de pagamento; forma de pagamento; garantias; confiabilidade de quem vende ou de quem compra; possibilidade de se manter uma relação comercial estável e de longo prazo, com a repetição de transações; importância relativa do comprador ou vendedor na carteira de negócios; níveis de concorrência existentes; capacidade de produção (toda tomada ou ociosa); virada do mês; vendedor querendo "bater quotas". O preço deveria, por tudo isso, ser o último dos aspectos a ser negociado, depois da clara definição dos demais aspectos substantivos que têm reflexos diretos ou indiretos na sua formação.

Preço e valor

A formação do preço nem sempre tem relação direta com os custos de produção e pode estar associada a aspectos ligados ao valor percebido do produto ou do serviço.

O valor percebido pode ser descrito pela seguinte fórmula:

$$\text{Valor percebido} = \text{Benefício} + \text{Preço}$$

Quando, na opinião de quem compra, o benefício proporcionado pelo bem é percebido como maior que o valor pago por ele, o valor percebido ou atribuído ao objeto é positivo. Alguns atributos do produto ou do serviço contribuem para o aumento do valor percebido; entre eles, citamos: marca, *status*, moda, conveniência, oportunidade.

Como exemplo, no Caso Cope, a Intersis considera importante a escolha da forma de pagamento dos *desktops* a ser feita pela TEC, e prefere o *leasing* em decorrência de sua difícil situação de caixa. Já para a TEC, a forma de pagamento é indiferente.

Ou seja, a forma de pagamento tem mais valor do que o montante financeiro em si. O que é significativo para uma parte pode ser irrelevante para a outra.

No Caso UHE, o proprietário C alega que suas lembranças também serão alagadas pelo empreendimento. Argumenta que símbolos da região serão destruídos pela UHE. Informa que não sabe "lidar com dinheiro" e com providências para sua mudança. Para os proprietários, o dinheiro é menos relevante do que o valor de "sua terra". A solução proposta pela UHE contempla o tratamento comercial justo e visa mitigar impactos sentimentais, busca soluções como criar um centro cultural na nova cidade, onde pretende expor relatórios fotográficos e apresentar filmes com os registros dos modos de vida do povo e o patrimônio histórico-cultural da área de influência.

O que tem "valor" para um pode ser irrelevante para outro, especialmente quando o produto ou o serviço tem características associadas, preferências, gostos, desejos. Por isso, o preço é uma variável que dá muita margem para negociações.

- Ser um artigo de luxo: parte importante do preço está ligada ao *status* que é transferido a quem compra, proporcionado pela marca, pelo local da loja/escritório, pelo nome de quem presta o serviço.
- Gozar de exclusividade: quem fabrica o produto ou presta o serviço com exclusividade em um dado mercado, ou região geográfica.
- Tratar-se de uma produção feita sob encomenda: soluções únicas e diferenciadas que asseguram uma identidade própria que destaque a imagem de quem possui um bem ou dispõe de um serviço.

Por outro lado, a concorrência pode ter o efeito contrário, contribuindo para a redução do valor percebido e, por consequência, do preço. Nos produtos do tipo *commodities*, como açúcar, café, soja, metais, petróleo, uma vez que atendam a uma dada especificação, não existe entre eles uma diferenciação significativa o suficiente para diferenciar o seu preço. A existência de vários ofertantes propicia a concorrência entre eles, permitindo ao comprador colocar-se em situação confortável e podendo utilizar-se de um "pregão" para obter o menor preço. De outro lado, um ofertante para múltiplos interessados pode estimular a utilização de um "leilão" para vender melhor. O negociador habilidoso sabe como tirar partido do valor percebido, exaltando os benefícios proporcionados pelo bem, quando isso é possível, ou utiliza de forma eficaz as possibilidades que a barganha posicional oferece.

Barganha posicional e zona de provável acordo

Em mercados competitivos, a disputa pelos recursos escassos gera conflitos de interesses entre as partes envolvidas. Nessas situações, ocorre uma disputa — uma barganha posicional — que tende a colocar o relacionamento e a substância em conflito. "A barganha posicional lida com os interesses do negociador, tanto pela substância como pelo bom relacionamento" (Fisher et al., 1994:39), mas mesmo assim ocorre uma competição. Muitas vezes a caracterização da outra parte como *oponente* cria a situação de um *jogo*, em que um lado vencerá o outro e o ganho resultará em perda para a outra parte envolvida. Todavia, o apelo dessa ideia está limitado pela simples suposição de que a negociação é um *jogo de soma zero*. Isto é, que há um "bolo" formado de *x* unidades para ser dividido entre as partes (Baily et al., 2000).

Por exemplo, no Caso Cope, a TEC juntamente com a Intersis desejavam vender à Cope, por US$ 180 mil, um sistema SCP-2000, 92 *desktops*, a instalação da rede, o hardware, o software e aplicativos, enquanto a Cope desejava pagar 20% a menos, ou seja, US$ 144 mil. Um possível resultado dessa relação de compra e venda seria a Cope ser obrigada a pagar U$ 200 mil pelos itens, posicionando a TEC juntamente com a Intersis como "vencedoras". Entretanto, esse preço era apenas um dos pontos em questão. No caso, a confiabilidade do sistema, sua produtividade, a capacidade de ampliação, o acesso ao suporte e treinamento e a solução coordenada por um integrador, além da perspectiva de compras futuras, poderiam alterar o *valor* do que estava em jogo e a *forma* de resolver impasses no projeto e a composição do *preço* (custo ou investimento, dependendo da ótica do observador, se comprador ou vendedor). Assim, ao examinar as muitas variáveis envolvidas, os negociadores chegaram a uma solução mais criativa em que ambas construíram uma possibilidade de ganhos mútuos. A Cope concordou em pagar o equivalente a US$ 180 mil à TEC pelo sistema SCP-2000, 92 *desktops*, a instalação da rede, incluindo todo o hardware, o software básico e aplicativos, exigindo que o sistema totalmente operacional fosse implantado até 31 de maio de 2006. Pelo acordo, a Cope tem um crédito de US$ 72 mil, fornecido pela TEC, para ser utilizado em compras na sua rede de distribuidores. A Cope optou por adquirir os 92 *desktops* da Intersis, como reconhecimento pelo trabalho feito.

Ao contrário do que a barganha posicional pode sugerir, a distribuição do que está em jogo, ou seja, a reivindicação pura e simples de preço numa *zona de provável acordo* (zopa) na qual o regateio ocorrerá, as partes podem adotar uma visão de compartilhar o valor que pode ser criado, na qual a barganha ocorrerá num contexto integrativo, como mostra a figura 3.

Figura 3

Duas visões da barganha nas negociações

No contexto das aquisições, a barganha posicional, apesar de presente, subordina-se aos processos que cada vez mais incorporam elementos da compra e venda consultiva.

Negociação de aquisições: a compra e venda consultiva

Algumas negociações mais complexas podem exigir grande quantidade de energia para que as partes tenham uma definição clara do escopo objeto da transação. Esse tipo de negociação pode ser chamado de compra e venda consultiva quando se aplicar à aquisição de projetos — como no Caso Cope, que tratava da contratação da implantação de um sistema de computação —, ou à compra de uma empresa — como no nosso Caso Aquisição.

A compra e venda consultiva pode envolver várias rodadas de interação entre o comprador e o vendedor. O objetivo final dessas diversas interações é quase sempre a busca da definição do próprio escopo, ou aquilo que se espera como resultado final do processo de negociação.

O processo de compra e venda consultiva

Utilizado com frequência cada vez maior, o processo de compra e venda consultiva baseia-se no modelo a seguir e pode ser conduzido de maneiras diferentes, dependendo do tipo de negociação e das partes envolvidas.

Trata-se de um processo que tem por objetivo buscar a definição do escopo de projetos complexos, no qual várias partes podem se envolver. De um modo geral, aquelas que trazem maior contribuição para a definição do escopo tendem a ser convidadas para etapas seguintes da negociação, por demonstrar que estão mais bem preparadas para atender às necessidades do cliente ou do fornecedor. O processo pode ser dividido em três grandes fases: *Request for information* (RFI — solicitação de informação), *Request for proposal* (RFP — solicitação de proposta) e *Contratação*.

Request for information (RFI — solicitação de informação)

A RFI é uma forma de pesquisa inicial onde o cliente procura trocar informações com os potenciais provedores da solução, buscando identificar o problema que ainda não tem seus limites objetivamente definidos. Uma vez que a definição do escopo ainda não está clara, o primeiro propósito da RFI é obter sugestões sobre os limites do problema e quais as possíveis soluções. Os fornecedores costumam ver as RFIs como tentativas de consultoria grátis, pois elas demandam tempo e esforço pelos quais eles normalmente seriam remunerados por estarem gerando respostas que apontam soluções para o problema do cliente. O processo se inicia com o cliente enviando a RFI aos potenciais fornecedores, convidando-os para participar de reuniões nas quais o cliente expõe sua necessidade e solicita aos participantes que apresentem sugestões sobre como definir o escopo da solução.

Uma vez que os potenciais fornecedores apresentem, em uma ou mais etapas, sugestões sobre as possíveis soluções e o cliente passe a ter uma visão mais clara do escopo do projeto, ele pode, então, enviar um novo convite aos fornecedores que participaram da fase inicial.

Request for proposal (RFP — solicitação de proposta)

A RFP é resultado da análise das prováveis soluções e da escolha daquela que melhor atenda às necessidades do cliente. Muitas vezes o escopo ainda passa por novos aperfeiçoamentos em rodadas seguintes, até a contratação.

Contratação

Nessa fase, os potenciais fornecedores apresentam suas propostas e estas são negociadas com o cliente. A fase de contratação pode demandar várias rodadas de negociação, como no Caso Aquisição. Os acordos podem ser materializados de formas diversas, desde compromissos verbais até contratos complexos. Compromissos devem ser levados a cabo conforme apresentados durante as negociações que conduziram ao acordo (*pacta sunt servanda* — pactos devem ser cumpridos), do contrário os litígios e disputas surgirão entre as partes. O importante é a garantia de que as partes cumprirão o acordo e tenham a possibilidade de exigir das demais o seu cumprimento.

A informalidade inicial no Caso Aquisição demonstra a abertura para o estabelecimento do relacionamento nos primeiros momentos da etapa de execução. Acordos principiam com compromissos verbais, porém tais compromissos devem ser registrados em instrumentos adequados, sobretudo em acordos complexos. Já vimos que a comunicação tem suas limitações, especialmente em acordos que pressupõem direitos e obrigações, prazos longos que podem vir a ter suas interpretações diferenciadas e até modificadas, como no Caso Dryland. Deve-se, portanto, procurar reproduzir nos instrumentos contratuais — como acordos de confidencialidade, cartas de intenção, acordos de compra e venda, acordos operacionais — as intenções das partes de forma fiel e clara, para evitar que interpretações equivocadas levem as partes a renegociações desgastantes e caros processos de arbitragem.

Algumas recomendações são importantes para que os negociadores estejam atentos em momentos importantes do processo de negociação, levando em conta a natureza específica das negociações de escopo, qualidade, prazos, preço e aquisições.

Dicas para a negociação de aspectos substantivos

Com a finalidade de estimular a análise rápida e sugerir uma espécie de *checklist*, elaboramos três quadros de *dicas para a negociação dos principais aspectos substantivos*, respectivamente apontando para os momentos do *planejamento* (quadro 7), da *execução* (quadro 8) e do *encerramento* (quadro 9).

Quadro 7

DICAS PARA A NEGOCIAÇÃO DOS PRINCIPAIS ASPECTOS SUBSTANTIVOS NO PLANEJAMENTO

- ❑ Aprenda tudo o que puder sobre a outra parte.
- ❑ Dê mais atenção aos pontos comuns do que às áreas de conflito em potencial.
- ❑ Peça informações, sugestões, alternativas, conselhos que o ajudem a criar possibilidades que ainda não haviam sido consideradas.
- ❑ Inove, pense de forma criativa e arrojada no planejamento.
- ❑ Lembre-se da fórmula: S = T x I x P.

Escopo	Qualidade	Prazos	Preço	Aquisições
❑ Identifique as implicações da definição do escopo sobre: prazos (tempo), preço (custos), qualidade, recursos humanos, comunicação, nível de riscos e aquisições. ❑ Se necessário, busque ajuda de fornecedores, clientes ou especialistas para definir o escopo. ❑ Utilize, na medida do possível, critérios objetivos para definir o escopo.	❑ Identifique os pontos fortes e fracos de cada potencial fornecedor ou cliente no que se refere à qualidade. Busque conhecer os padrões nos quais se baseiam. ❑ Busque ajuda de especialistas para referenciar aspectos específicos de qualidade. ❑ Identifique os aspectos ligados à qualidade que podem impactar o projeto, inclusive após sua conclusão.	❑ Identifique eventos que podem interferir no cronograma do projeto, como, por exemplo: eventos ligados ao clima, greves, sazonalidade, festividades. ❑ Correlacione os prazos com níveis de qualidade e disponibilidade dos recursos. Faça um cronograma físico e financeiro. ❑ Identifique os aspectos ligados ao prazo que podem	❑ Busque todas as informações sobre custos, investimentos, tributos, custo do capital, taxas de retorno, que possam ajudá-lo na negociação de preços. ❑ Identifique valores alternativos de troca que podem afetar o preço, tais como: fama, prestígio, reconhecimento, *status*, relações futuras, conexões etc.	❑ Identifique com antecedência os pontos fortes e fracos de cada potencial cliente ou fornecedor, relacionados a: credibilidade, histórico de compras, vendas, fornecimento de serviços ou bens, infraestrutura, logística. ❑ Construa sua Macna. ❑ Procure explorar fontes alternativas de suprimentos ou novos mercados consumidores.

continua

Escopo	Qualidade	Prazos	Preço	Aquisições
❑ Identifique com clareza onde você tem e onde você não tem flexibilidade quanto ao escopo. ❑ Verifique a confiabilidade dos potenciais envolvidos no projeto, quanto a sua capacidade de atuar de forma realista em relação à identificação do escopo.	Por exemplo: níveis de capacitação; métodos de controle; tipos de assistência técnica; estoques de peças de reposição; índices de qualidade exigidos. ❑ Identifique com clareza onde você tem e onde você não tem flexibilidade quanto aos níveis de qualidade. ❑ Verifique a confiabilidade dos envolvidos no projeto, e sua capacidade de atender requisitos de qualidade.	impactar o bom andamento do projeto. Por exemplo: duração do período de implementação; suporte à operação; assistência técnica; tempo necessário para fazer reposições. ❑ Identifique com clareza onde você tem e onde você não tem flexibilidade quanto ao tempo: cronogramas e prazos. ❑ Verifique a confiabilidade dos envolvidos no projeto, quanto a sua capacidade de cumprir prazos.	❑ Procure identificar a relação preço *x* valor percebido. ❑ Crie concorrência pelos seus recursos: dinheiro, conhecimento, especialização. ❑ Verifique a confiabilidade dos potenciais envolvidos no projeto, quanto a sua capacidade de honrar preços negociados.	❑ Crie um "plano B". ❑ Considere um amplo leque de saídas ou opções de ação, especialmente as que possam ser levadas em conta pela outra parte. ❑ Procure, se possível, posições que lhe deem exclusividade. ❑ Verifique a confiabilidade dos potenciais envolvidos no projeto, quanto a sua capacidade de honrar acordos e contratos.

Quadro 8

DICAS PARA A NEGOCIAÇÃO DOS PRINCIPAIS ASPECTOS SUBSTANTIVOS NA EXECUÇÃO

❑ Saiba ouvir, faça perguntas. ❑ Não responda imediatamente à proposta da outra parte com uma contraproposta. ❑ Seja objetivo, declare sua posição de maneira clara, direta e sucinta. ❑ Não dilua argumentos fortes com outros mais fracos. ❑ Evite concessões unilaterais, a menos que tenha um bom motivo. ❑ Quando discordar, dê primeiro as razões, depois diga que discorda. ❑ Explore alternativas: e se...? O que mais você pode me oferecer? Espere mais e peça mais. ❑ Utilize toda informação que possa ajudá-lo na negociação. ❑ Mostre que você tem poder, mas tome cuidado em como fazê-lo. ❑ Controle a emoção. Aprenda a correr riscos. ❑ Separe os fatos de suposições que podem afetar qualquer aspecto do projeto. ❑ Dê atenção às implicações de longo prazo.				
Escopo	**Qualidade**	**Prazos**	**Preço**	**Aquisições**
❑ Inicie a interação colocando na mesa o melhor e mais completo escopo que puder. ❑ Pergunte mais: quais são as suas necessidades? De que resultados você precisa?	❑ Esclareça o impacto que desvios de qualidade podem acarretar para o projeto e quais os custos envolvidos. ❑ Pergunte mais: onde você tem mais flexibilidade? Você pode estender o prazo de garantia?	❑ Seja realista quanto aos prazos. ❑ Esclareça o impacto de eventuais atrasos que possam ocorrer no projeto e cuais os custos envolvidos. ❑ Pergunte mais: qual é o seu prazo máximo? Que época do mês é mais crítica?	❑ Tenha uma noção clara da faixa de preços na qual está disposto a negociar, o valor ideal e os limites aceitáveis. ❑ Pergunte mais: onde você tem mais flexibilidade? Quais itens estão considerados no seu preço?	❑ Declare expectativas a respeito de como gostaria de conduzir o processo e os critérios de contratação. ❑ Pergunte mais: onde você tem mais flexibilidade? Você vê chance de entregar na minha fábrica, no meu escritório?

continua

Escopo	Qualidade	Prazos	Preço	Aquisições
❑ Esclareça os critérios que serão utilizados para negociar o escopo em si. Nas negociações complexas, é fundamental definir o tipo de processo negociador, temas que fazem parte do objeto de negociação e sua agenda. ❑ Negocie com cada uma das partes os aspectos fundamentais do escopo e, posteriormente, os detalhes de cada aspecto essencial considerado.	❑ Defina critérios objetivos para estabelecer acordos de níveis de serviços (*Service Level Agreements* – SLA) que possam servir de parâmetros. ❑ Negocie garantias que assegurem o cumprimento dos níveis de desempenho estabelecidos.	❑ Estabeleça um cronograma com prazos para cada etapa do processo de negociação. ❑ Negocie com cada uma das partes as responsabilidades por cumprir os prazos de suas tarefas, que interfiram na condução do projeto como um todo.	❑ Identifique a maior quantidade possível de aspectos que possam ser mensurados e apreçados, ou seja, que possam de alguma maneira ter o seu valor conhecido. ❑ Negocie garantias bancárias, multas, penalidades que assegurem o cumprimento dos prazos, ou que minimizem os custos dos eventuais atrasos ou riscos de desempenho.	❑ Use, na medida do possível, o tempo a seu favor, levando em conta a natureza mais ou menos competitiva ou integrativa da negociação. ❑ Estabeleça acordos amplos que englobem os acordos parciais de cada aspecto. Busque redigir contratos que viabilizem a implementação e minimizem as possibilidades de renegociação e ocorrência de conflitos.

Quadro 9

DICAS PARA A NEGOCIAÇÃO DOS PRINCIPAIS ASPECTOS SUBSTANTIVOS NO ENCERRAMENTO

- Teste o entendimento e sumarize para reduzir mal-entendidos.
- Evite concessões grandes ou unilaterais.
- Peça algo em troca quando fizer uma concessão, a menos que tenha um bom motivo.
- Faça pausas para rever a proposta.
- Cheque e resolva as ambiguidades.

Escopo	Qualidade	Prazos	Preço	Aquisições
❑ Envolva, se possível, as partes que atuarão na implementação do escopo que foi objeto da negociação: o gerente de produção, o gerente financeiro, os fornecedores importantes. ❑ Analise criteriosamente os riscos envolvidos associados ao escopo negociado. ❑ Identifique como mitigar os riscos (distribuir para subfornecedores, compartilhar com empresas parceiras, fazer seguros). ❑ Faça uma ata ou um memorando de entendimento sobre o resultado final da negociação. Peça que a outra parte leia e assine.	❑ Exija ou ofereça (dependendo de seu papel na negociação) referências concretas que possam assegurar que os padrões de qualidade estabelecidos serão cumpridos. ❑ Analise os riscos envolvidos e as consequências adversas associadas à qualidade negociada. ❑ Busque contato direto com as pessoas que representam as partes envolvidas nos principais aspectos de qualidade do projeto. ❑ Redija uma carta de entendimento que especifique os requisitos mínimos aceitáveis para implantar o contrato. O descumprimento dos requisitos implica penalidades negociadas a priori entre as partes	❑ Tenha cuidado para não ser colocado contra a parede, por não ter mais prazo. ❑ Assegure-se de que todas as partes envolvidas estejam de acordo com os prazos do projeto. ❑ Teste a capacidade de as partes envolvidas cumprirem os prazos estabelecidos. ❑ Certifique-se de que um cronograma com a assinatura das partes seja elaborado no final da negociação.	❑ Use todo o tempo de que dispuser para negociar o preço. Não se precipite. ❑ Certifique-se de que o preço cobre todo o escopo do projeto. ❑ Assegure-se de que as condições de pagamento são as mais adequadas ao fluxo de caixa previsto para o projeto. ❑ Garanta que os juros de financiamento oferecidos pelo fornecedor estão adequados ao projeto e são compatíveis ou melhores do que as taxas que você pode obter no mercado.	❑ Previna-se para não ser colocado contra a parede nos momentos finais da interação, especialmente nas negociações competitivas. ❑ Certifique-se de que a relação qualidade *x* prazo *x* preço *x* escopo chegou ao melhor equilíbrio. ❑ Se estiver sob muita pressão, peça um tempo. ❑ Reveja continuamente sua Macna. ❑ Assegure-se de que os aspectos técnicos, idiomáticos e legais tenham sido revisados pelos departamentos técnico e jurídico.

Certamente temos uma grande diversidade de conselhos, orientações e dicas de natureza prescritiva. Como apontamos anteriormente, eles precisam ser contextualizados — o que vale para uma situação pode não servir para outra.

Em certos casos, pode ser necessário transcender a negociação (uma metanegociação), chegando-se à conclusão de que o próprio processo de negociação precisa ser analisado. No estágio de encerramento da negociação, resultados diversos podem surgir.

Outros resultados possíveis

Conflitos e impasses podem ocorrer quando o acordo não pode ser alcançado somente com os esforços das partes. Nesses casos, a utilização de um mediador pode facilitar a composição de interesses. O mediador, pela visão imparcial que tem do processo, tende a facilitar a visualização do processo de negociação de outra perspectiva, abrindo novas possibilidades para as partes.

Em processos de arbitragem, o uso de provas e sua aceitação são mais flexíveis do que em processos que envolvam o Judiciário. Mensagens eletrônicas (e-mails), relatórios, cartas internas das companhias, entre outros, podem servir como prova para a sensibilização do árbitro. É, portanto, fundamental o bom acompanhamento do processo com atas das reuniões que reflitam as posições das partes nos diferentes momentos do processo, bem como com a troca de propostas e aceitações das partes registradas em documentos escritos. Acordos verbais, por telefone ou por teleconferência, devem ser ratificados através de atas ou mensagens eletrônicas, para facilitar a terceira fase do processo de negociação: o controle. Tais registros poderão sustentar posições em processos de arbitragem. O controle sistematizado e organizado do processo de negociação é fundamental para que os acordos venham a sustentar as parcerias, ao invés de gerar oposições e conflitos.

Neste capítulo, descrevemos e exemplificamos os principais aspectos substantivos presentes nas negociações. Observamos que tais aspectos estão associados ao conteúdo e são determinantes para qualificar o objeto e os resultados desejados em uma negociação. Destacamos os aspectos substantivos ligados ao escopo, com ênfase na qualidade, prazos, preço e aquisições. Finalmente, sugerimos dicas para agilizar a análise das negociações. No próximo capítulo, focalizaremos alguns aspectos práticos que favorecem as negociações e a administração de conflitos.

4 O negociador em ação: aspectos práticos que favorecem as negociações e a administração de conflitos

Neste capítulo, serão tratados os aspectos práticos que favorecem as negociações e a administração de conflitos. Na primeira seção, um resumo dos aspectos conceituais, relacionais e substantivos, apresentados nos capítulos anteriores, é enriquecido com conhecimentos provenientes de diversas áreas, como psicologia, filosofia, pesquisas sobre inteligência emocional e sua aplicação, assim como conhecimentos adquiridos por experiências pessoais dos autores. As demais seções concentram-se nos aspectos práticos e cuidados a serem tomados, visando a tornar as negociações mais eficazes e bem-sucedidas.

Revisão conceitual e conexão com a prática

A integração do conhecimento produzido em diversas áreas do saber possibilita a ampliação do arcabouço conceitual com que os negociadores poderão contar para se posicionar estrategicamente e atuar taticamente nos diversos estágios da negociação.

Posicionamentos estratégicos e atitudes diante dos conflitos

Vimos que o conflito pode ser iniciado quando uma parte percebe que a outra parte frustrou ou vai frustrar os seus interesses (Hampton, 1990). Tal frustração no gerenciamento de projetos pode surgir a partir da distribuição e compartilhamento de recursos, do entrelaçamento de atividades, do estabelecimento de metas diferentes na estrutura matricial a ser utilizada, das diferenças de personalidade e de percepção da realidade pelas partes envolvidas. Apesar da conotação negativa normalmente atribuída, o conflito em si não é nem bom nem ruim. A administração do conflito é que pode ou não gerar resultados negativos.

Vimos igualmente que cinco tipos de atitudes — que consideramos também alternativas de posicionamento estratégico — podem ser tomadas diante dos conflitos:

- a fuga(ou indiferença) — com essa atitude, nem resultados nem relacionamentos são considerados importantes no momento; nesse caso, o resultado pode ser o não acordo; a fuga pode ser usada para evitar a interação, deixando-a para mais tarde quando as probabilidades de insucesso se reduzirem;
- o amaciamento (ou acomodação) — ocorre quando se pode aceitar a imposição da outra parte ou adiar a abordagem de questões críticas, para preservar o relacionamento; aqui o resultado é menos importante do que o relacionamento;
- o uso do poder (ou dominação) — nessa alternativa, o poder é utilizado para impor a solução preferida; os resultados são mais importantes do que o relacionamento;
- a barganha (ou compromisso) — cada parte cede um pouco, por meio de uma composição entre si, para que o acordo seja atingido; os resultados não são plenamente atingidos nesse caso, mas a negociação é completada no tempo limitado a ela alocado;

- a cooperação (ou integração) — os esforços são dirigidos para a busca de soluções que satisfaçam aos interesses de ambas as partes; aqui se busca garantir resultados e relacionamentos duradouros, com base em critérios mutuamente aceitos.

Pesquisas na área do comportamento diante do conflito procuram buscar a característica mais marcante nos negociadores. Thomas e Kilman (1974) procuraram minimizar, em suas pesquisas, as tendências advindas dos comportamentos socialmente desejáveis, ou seja, as tendências que as pessoas têm de mostrar seu lado cooperativo, evitando mostrar uma personalidade indiferente, típica dos que evitam os conflitos. De fato, é interessante que, durante o processo de negociação, se procure, na medida do possível, buscar uma dinâmica em que a outra parte se sinta um parceiro e não um oponente. Se assim se proceder, a negociação poderá ser desenvolvida com uma atitude de cooperação pelas partes e, ao invés do confronto e da disputa por posições, elas unirão esforços para a geração de opções que levem a ganhos mútuos, através da composição de seus interesses. A negociação tenderá a ser integrativa ao invés de distributiva, o que é salutar, uma vez que as integrativas tendem a "aumentar o bolo para depois reparti-lo", o que, a princípio, é socialmente desejável nos momentos em que se está negociando. Corresponderia à busca pela negociação ganha-ganha.

Entretanto, algumas vezes, quando a possibilidade de flexibilização é pequena, a atitude ou a estratégia da dominação é conveniente e por vezes necessária. Por outro lado, em outros casos, é conveniente deixar de lado uma questão para ser resolvida mais tarde, adotando uma postura de indiferença ou de retirada tática, até o ponto em que mais informação é produzida e o relacionamento é abordado com vistas a atingir um nível de confiança em que as partes possam se ver como parceiras, ao invés de competidoras.

Uma análise caso a caso permitirá a escolha da atitude estrategicamente mais adequada. Da mesma forma, a acomodação e o compromisso têm seu espaço no processo de negociação, sendo conveniente que o negociador desenvolva a habilidade de identificar quando e por que utilizar determinada atitude, tanto no plano estratégico quanto no tático. Além disso, muitas vezes o negociador haverá de perguntar-se se é necessário negociar e por que deve fazê-lo.

Por que negociar?

Tomando como base o contexto de projetos, o *PMBOK Guide* (2008) define que "negociar significa discutir com outros, com o objetivo de se chegar a um acordo". À luz dos conceitos e ideias expostos até o momento, poderíamos complementar essa definição, acrescentando: "que satisfaça interesses de ambas as partes e com os melhores termos possíveis". E, para garantir que o resultado seja satisfatório: "e que leve a um nível de satisfação superior ao nível de satisfação obtido com a melhor das alternativas presentes, caso o acordo não seja atingido".

Dessa forma, ao negociar, o indivíduo interage com outrem para satisfazer interesses, da melhor maneira possível, buscando um acordo que lhe dê um nível de satisfação melhor do que o obtido com a melhor de suas alternativas disponíveis, caso o acordo não saia.

Para entendermos melhor essas ideias, vamos por alguns momentos considerar a essência do ser humano: como ser vivo, ele precisa sobreviver; para isso, faz alianças e coleta insumos que lhe deem a segurança de que tal sobrevivência seja garantida; além disso, atribui valores, ainda que subjetivos, a cada uma dessas alianças e a cada um desses insumos; tais valores integrados se refletem em níveis de satisfação que lhe proporcionam estados diferenciados de prazer. Tomando por base tais considerações, podemos dizer que o indivíduo (ou a empresa, uma personalidade jurídica que precisa também sobreviver) deseja garantir a sobrevivência, maximizando o prazer e minimizando a dor, ou seja, ele quer sobreviver com felicidade!

Considerando seu estado atual, o indivíduo percebe que sua valoração difere da valoração de outros sobre os mesmos elementos que compõem sua garantia de sobrevivência e seu estado de satisfação. Alguns desses elementos têm valor maior na composição de sua satisfação do que na composição da satisfação de outros indivíduos. Mais interessante ainda é que, para alguns outros indivíduos, tais elementos não são tão importantes assim. Surgem, desse modo, oportunidades de trocas que, se efetuadas inteligentemente, proporcionarão uma modificação no estado de satisfação de ambos se eles se dispuserem a interagir e buscar uma composição de interesses que garanta a sobrevivência, aumentando a satisfação, ou seja, maximizando o prazer.

Essa característica do ser humano (e das organizações) de valorar seu estado de satisfação de forma diferenciada, em função de variáveis como tempo, oportunidade, percepção sobre risco, percepção sobre o prazer etc., abre a possibilidade de, pela interação com outros indivíduos, ou outras companhias (ou outros grupos numa mesma organização), explicitar interesses e buscar composições, visando ao aumento da satisfação. Ou seja, a própria essência do ser humano o leva a envolver-se num *processo de interação* entre *partes* para explicitar *interesses*, buscando um *acordo* no qual tais interesses venham a ser satisfeitos, resultando em um estado *melhor de satisfação*. Em conclusão, *negociar* é próprio da essência do ser humano... Exatamente em linha com as definições anteriores!!!

As ideias mencionadas corroboram o sentido da afirmativa de Fisher e colaboradores (1994) de que as pessoas negociam para obter um resultado melhor do que se não negociassem. Negociar é uma ação deliberada e exige a articulação de diversos aspectos da inteligência, por envolver pessoas que interagem, que se relacionam reciprocamente, realimentando suas ações instantaneamente.

Importância da inteligência emocional

Na relação interpessoal, a percepção da realidade de cada um dos negociadores é de capital importância, pois é através da interação nas negociações que o conhecimento sobre a matéria a ser tratada se modifica e se aprofunda. As áreas de conhecimento que Wanderley (1998) expõe em seu modelo integrado de negociação são aplicáveis ao cenário da mesa de negociação, que se desenvolve em outros planos os quais levam em conta entidades que não aparecem diretamente durante o processo de interação entre os atores, mas que precisam ter seus interesses satisfeitos para o êxito da negociação. Essas partes envolvidas indiretamente são os "fantasmas"[15] ou *stakeholders* do processo.

Logo, negociação envolve *pessoas* (fundamento dos aspectos relacionais) — que representam a si próprias, equipes ou organizações, as *partes* —, é um *processo* e tem um *objeto* (fundamento dos aspectos substantivos). O intercâmbio de informações é fundamental no processo para que os objetivos idealizados sejam alcançados e, para que tal ocorra, o relacionamento tem de ser enfatizado. Se ele não é fortalecido, a tendência é a da sonegação, distorção ou retenção de informações, pelas partes envolvidas.

---

[15] O termo fantasma, nessa acepção, foi criado pelo professor Adauto Carneiro Pereira, docente da disciplina negociação empresarial, no MBA em Logística da FGV, e utilizado em aulas expositivas dos professores Adauto e Gersem Andrade.

Relacionamentos efêmeros ou não estabilizados implicam áreas cegas e de fachadas muito amplas e áreas conhecidas reduzidas na Janela de Johari (Luft, 1969), apresentada na figura 4.

Figura 4

JANELA DE JOHARI

		Para si	
		Conhecida	Desconhecida
Para os outros	Conhecida	Área pública (aberta)	Área cega
	Desconhecida	Fachada (oculta)	Área desconhecida

Fonte: Adaptada de Luft (1969).

A área cega diminui com o aumento do *feedback* e a área de fachada diminui com o aumento da revelação. Para que a área conhecida seja ampliada, há que se construir confiança. Assim, o outro lado se dispõe a fornecer *feedback*, reduzindo a amplitude da área cega; pode-se revelar mais, reduzindo a área de fachada. Aqui o desenvolvimento das habilidades da inteligência emocional tem papel de suma importância.

Em suas palestras,[16] Daniel Goleman enuncia as habilidades a seguir.

- Autoconsciência: consiste em o sujeito saber o que ele, o indivíduo, sente a cada momento de sua vida. O que seria *realmente gratificante* para o indivíduo?
- Gerenciamento das emoções: é o autocontrole. Quanto o indivíduo consegue controlar seus impulsos destrutivos.
- Motivação: é a capacidade de tornar-se envolvido com algo. Colocar-se *em movimento* para alcançar algo que se deseja. Vontade de melhorar o desempenho.

[16] Vídeo *Inteligência emocional*, distribuído no Brasil pela Siamar.

- Empatia: saber o que sente o outro, sem que ele nos diga. É a força básica da solidariedade e o fator que impede as pessoas de fazerem mal aos outros. Ouvir o outro lado de *forma integrada*.
- Habilidades sociais: arte do relacionamento. As habilidades sociais permitem interagir com outras pessoas, expor interesses e necessidades, e entender os interesses e necessidades do outro lado, de modo a concluir acordos frutíferos para a instituição para a qual se trabalha.

Em suas palestras, Goleman enfatiza que emoções são *contagiosas* e que os negócios giram em torno de relacionamentos. As habilidades sociais auxiliam na resolução criativa de conflitos, por meio da obtenção de coisas através das pessoas com quem nos relacionamos (persuasão).

A inteligência emocional possibilita assumir o controle sobre nossas emoções, como enfatizado por Charles Handy na introdução ao livro de François de Callières (2001:6), que, nos idos do século XVII, apontava a importância das habilidades da inteligência emocional:

> O conselho de Callières, por exemplo, de estar no controle de nossas próprias emoções antes de tentar lidar com os outros, prevê trezentos anos antes o atual entusiasmo pelo que chamamos, agora, de inteligência emocional como fundamento da boa liderança e de uma vida bem-sucedida.

Negociar é uma ação deliberada e requer reflexão e articulação de diversos aspectos da lógica, por envolver pessoas que refletem e que se avaliam reciprocamente.

Pode a filosofia ajudar o negociador?

É da essência do ser humano negociar. Porém, para iniciar o processo de negociação, ele precisa interagir com alguém que tem interesses presumidos e que não necessariamente lhe é conhecido. Para evitar trilhar o caminho do preconceito e das decisões precipitadas, precisa o bom negociador admitir sua ignorância (aspecto socrático), buscando compensá-la através do conhecimento, saindo da caverna da ignorância (aspecto platônico).

O reconhecimento da ignorância pode ser compreendido pela constatação de que, como seres humanos, observamos a realidade e fazemos inferências sobre ela com um sistema perceptivo bastante limitado. O espectro visível ao olho humano limita-se a comprimentos de onda que vão do violeta ao vermelho. Ouvimos sons na faixa de cerca de 10 Hz a 10 kHz. Sentimos odores e paladares limitados. Juntamos aos nossos sentidos limitados uma experiência de vida também limitada. Logo, percebemos uma realidade condicionada ao desenvolvimento de nossos sentidos e ao nível de conhecimentos que adquirimos durante nossa vida. Ignoramos muito da realidade que nos cerca! Cabe então a busca do conhecimento e a tomada de consciência de que, pela interação com outros seres humanos, livre de preconceitos, poderemos perceber e entender melhor tal realidade.

O *animus* do bom negociador deve ser o de aprender constantemente com a contraparte na negociação, sempre evitando preconceber e fazer inferências sem bases sólidas.

A busca do entendimento sobre a percepção da realidade como vista pelos interlocutores gera um clima propício para a negociação, pois as partes notam que existe a preocupação com uma comunicação eficiente. É necessário colocar-se no lugar do outro, procurando ver a realidade como o outro a vê. Para isso, é preciso aprender a conhecer a fundo os seres humanos e, novamente, as habilidades da inteligência emocional são de grande utilidade. O negociador precisa passar a impressão do que deseja de forma fidedigna, evitando parecer falso ou sem credibilidade. Precisa, portanto, conhecer-se profundamente. Dedicar um período de cada um de seus dias a olhar para si mesmo. Atividades como ioga, *tai chi chuan* e *aikido* auxiliam nesse processo, pois tais técnicas têm por base a busca da integração e harmonização do indivíduo com o universo. Porém, como recomenda Goleman, reservar um tempo, ao acordar, para se concentrar na respiração, fazer uma oração, ou mesmo exercícios aeróbicos, também ajuda. Tais atividades permitem um melhor conhecimento pessoal e, em consequência, maior facilidade para gerenciar emoções, evitando dissabores advindos dos sequestros de amígdala,[17] quando o cérebro emocional assume o controle do nosso sistema e nos leva a atitudes impensadas que, posteriormente, poderemos lamentar.

Além dos diferentes tipos de negociação, o caráter imprevisível das interações pode induzir o desenrolar do processo de negociação de diversas maneiras, o que implica o seu conhecimento.

Os diferentes tipos de negociação

Negociações interpessoais e negociações em equipe buscam harmonizar os participantes de um projeto, que "é um empreendimento temporário com o objetivo de criar um produto ou um serviço único" (*PMBOK Guide*, 2008:4). A atuação sobre as condições antecedentes, ou a intervenção no processo, pode se fazer necessária, conforme vimos no capítulo 1, para a harmonização pretendida. Se o projeto em apreço for decor-

[17] O sequestro de amígdala é a situação, caracterizada por Daniel Goleman em suas palestras, que ocorre quando o cérebro emocional, ao fazer comparações dos fatos provenientes do ambiente exterior com seus registros internos de ocorrências passadas, dispara no indivíduo um comportamento anormal, agressivo e descontrolado. Jamais se deve decidir sob tais circunstâncias. A situação pode ser neutralizada por meio de respiração profunda, relaxamento ou pausa, para que o cérebro racional volte a analisar a origem do sequestro, reduzindo a sua energia.

rente de uma negociação em que uma equipe deverá acompanhar e executar o processo, o grupo precisa estar harmonizado, para não ser enfraquecido durante a negociação e para não passar ao outro lado informações que precisam ser preservadas (a fachada na Janela de Johari). Por mais incrível que pareça, a prática mostra que as pessoas do nosso lado na equipe de negociação são as mais suscetíveis de nos levar a desastres, pois normalmente não esperamos falhas suas, o que nos deixa numa nuvem de ignorância da qual não tomamos conhecimento e que nos leva a surpresas por vezes desagradáveis (às vezes, somos pouco socráticos em relação aos nossos pares e os tratamos de forma preconceituosa). As negociações em equipe são detalhadas mais adiante, neste capítulo.

Uma negociação pode ter muitas partes e, nesses casos, o bom relacionamento com todas as partes é fundamental para a estratégia estabelecida. Em certos momentos, é importante fazer coalizões para reforçar posições dentro da estratégia programada. Tais coalizões só são possíveis se o relacionamento estiver fortalecido. E, para que as probabilidades de êxito dessas alianças sejam aumentadas, mais uma vez o negociador deve planejar e preparar suas ações.

Planejamento e preparação

Conforme já apresentado, o planejamento proporciona ao negociador uma visão mais clara do cenário que irá encontrar. Negociadores experientes sabem que tempo é fundamental para o planejamento e preparação: quanto maior, melhor. Entretanto, sua utilização eficaz é crucial para a obtenção de um bom resultado. É durante o planejamento que o negociador vai se preparar para enfrentar diferentes questões e problemas, evitando surpresas desagradáveis durante o processo, especialmente durante a interação com seus interlocutores. Por isso destacamos a importância de buscar identificar e conhecer quais são as *partes*, o *objeto* e o *contexto* em que a negociação se desenvolverá.

Planejamento tático: preliminares, abertura, exploração e encerramento

Considerando os comentários anteriores, propomos uma lista que leve em conta aspectos importantes durante o planejamento e a preparação de uma negociação, e que focalize a fase de execução de uma perspectiva tática. Sempre que surge uma oportunidade ou uma necessidade de negócio, como no Caso Dryland, é importante identificar claramente os pontos relacionados a seguir.

- ❑ O que se pretende negociar: o escopo e os aspectos substantivos — o objeto.
- ❑ As partes na negociação: aqueles que participarão ativamente no processo de negociação e efetivamente na mesa de negociação.
- ❑ Os "fantasmas" ou *stakeholders*: as entidades (relacionadas com as partes) que não participam diretamente na mesa e no processo de negociação, mas que influenciam seu resultado, pois seus interesses terão de ser atendidos.
- ❑ Macna (aquela que está entre as questões mais importantes em qualquer negociação): qual a melhor alternativa que resta para cada parte na negociação, caso o acordo não seja alcançado.
- ❑ Os interesses por trás das posições de cada lado.
- ❑ As opções possíveis a serem colocadas na mesa, visando à acomodação de tais interesses (considerando, inclusive, os interesses dos "fantasmas" ou *stakeholders* de cada lado).
- ❑ As características pessoais dos negociadores envolvidos e o processo de interação visando à construção do relacionamento.

Vejamos como cada um dos pontos apresentados seria aplicado aos casos escolhidos no capítulo 1.

O que se pretende negociar: escopo e aspectos substantivos

A importância do escopo e dos aspectos substantivos já foi apresentada no capítulo 3, onde se exemplificou, através do Caso Aquisição, que o escopo era tão importante que a sua definição foi matéria a ser apreciada por firma de consultoria. O escopo bem definido nos dá o norte para determinarmos o rumo estratégico e possíveis atalhos táticos para que o objetivo final seja alcançado — um acordo em que ambas as partes saiam mais satisfeitas do que antes da negociação. Permite também estabelecer aquilo que se deseja obter e os seus limites aceitáveis durante o processo de geração de opções na mesa de negociação.

No Caso Dryland, a Watoilgas vê-se diante de uma realidade que compromete seus interesses e pretende negociar o retorno às condições pactuadas anteriormente, ou, pelo menos, a recuperação de um *status* protegido pelo direito adquirido no contrato original.

As partes envolvidas diretamente na negociação

A definição das partes que serão envolvidas no processo de negociação e seus representantes também tem grande importância para se determinar o posicionamento estratégico e as táticas relacionais a serem utilizados durante a negociação. Os líderes e as equipes de negociação devem ser escolhidos levando em conta a possibilidade do desenvolvimento de uma conexão com a outra parte e, por consequência, visando a tornar o processo de negociação o mais integrativo possível.

No Caso Cope, as partes em negociação são as empresas envolvidas — Cope, TEC e Intersis, através das pessoas que as representam nos diversos momentos do processo.

No Caso Dryland, as partes em negociação serão as empresas interessadas e o governo, através de suas equipes de negociação designadas para a tarefa.

E nos Casos Aquisição e UHE? Quais são as partes diretamente envolvidas?

Os "fantasmas" ou *stakeholders* e seus interesses

De suma importância na fase de preparação, pois os "fantasmas" ou *stakeholders* são aquelas entidades que, apesar de não estarem presentes fisicamente durante a negociação, podem influenciar intensamente o seu desenvolvimento ou seu resultado. E mais, precisam ter seus interesses atendidos no acordo final. Entre os inúmeros "fantasmas" que podem existir na negociação, podemos citar:

- chefes — que têm interesse de ver os projetos de sua equipe completados o mais rápido possível e de forma convincente, para serem apresentados aos seus superiores;
- diretores — que são responsáveis pela administração da organização perante os acionistas e estabelecem suas diretrizes, metas e estratégias;
- acionistas — que pretendem a constante valorização de suas aplicações através da manutenção de portfólios estáveis e rentáveis;
- a entidade financiadora do projeto — que está disposta a investir em algo que seja seguro e rentável, preservando-se contra riscos;
- o governo — responsável perante a população com relação às metas econômico-financeiras nos diferentes mercados e, em especial, no mercado internacional;

- outros intermediários formais ou informais — pessoas ou grupos que afetam o comportamento das partes ou são afetados pelas ações desencadeadas e, por isso, atuam preventivamente ou reagem modificando a dinâmica das interações futuras. A imprensa é um exemplo, por intensificar esse tipo de demanda.

Cada "fantasma" pode ser um indivíduo ou uma organização de indivíduos, gozando da riqueza de peculiaridades inerentes ao ser humano, tendo, em consequência, seus interesses pessoais e a pretensão de vê-los atendidos.

No Caso Cope, é um "fantasma" o cliente da Companhia de Projetos Especiais, o SuperShopping que seria afetado com o não cumprimento do cronograma de instalação do sistema SCP-2000.

No Caso Dryland, são "fantasmas" as diretorias das empresas, os congressistas que elaboraram a lei controversa, os governos dos países envolvidos e seus representantes, os agentes financiadores dos projetos, a população do país onde os projetos são implementados, entre outros.

E nos Casos Aquisição e UHE? Quais são os "fantasmas" ou *stakeholders*?

Melhor alternativa em caso de não acordo (Macna)

A macna determina quando o negociador deve retirar-se da negociação. Infelizmente, ainda é uma prática comum as partes iniciarem a negociação pensando apenas em concluir o acordo, sem antes verificar o que pode lhes ocorrer caso o acordo não seja alcançado. Nesses casos, a insegurança pode afetar o comportamento dos membros das equipes de negociação, pois lhes resta apenas *entrar em acordo ou entrar em acordo*! A consciência correta da existência da Macna tranquiliza os negociadores, pois eles sabem que algo lhes resta se o acordo não for alcançado. Além disso, abre-se a possibilidade de superar a inércia, investigando o estado atual de satisfação. O exemplo a seguir ilustra tal raciocínio.

Um indivíduo *A* está satisfeito em seu emprego atual na companhia *X*. Surge, em dado momento, uma possibilidade de emprego numa organização *Y*, na cidade vizinha, e outra possibilidade numa organização *Z*, numa cidade distante. Para ele, a cidade vizinha é mais adequada, por ficar perto de seus familiares, o que o leva a decidir negociar com essa organização. Essa é a oportunidade de sair da inércia, investigando seu estado de satisfação. Suas alternativas, caso não entre em acordo com *Y*, são: ficar em *X* ou negociar com *Z*. Em sua preparação para negociar com *Y*, ele resolve investigar com detalhe suas alternativas, para determinar a que lhe dá o melhor estado de satisfação, ou seja, desenvolver a sua Macna. Conversando com seu gerente, ele apresenta seu currículo atualizado, mostrando estar terminando um MBA em Gerenciamento de Projetos na FGV. Sensibilizado, o chefe afirma que seu diploma poderá levar ao enquadramento num novo plano de cargos, que pode refletir um aumento em seus ganhos em 15%. Ele se prepara e entra em contato com *Z*, que lhe oferece um salário 30% superior, com a possibilidade de viajar uma vez por mês para sua cidade natal. Avaliando suas alternativas, ele conclui que aquela que representa maior satisfação é o emprego em *Z* — essa é a sua melhor alternativa em caso de não acordo com *Y*. Parte então para a negociação com *Y*. Se as opções geradas com *Y* lhe proporcionarem um estado de satisfação superior àquele proporcionado por *Z*, existirá a possibilidade de fechar acordo com *Y*. Entretanto, se *Y* não lhe oferecer opções melhores do que a sua Macna, o resultado será o não acordo com *Y*, restando-lhe o emprego com *Z*. Nesse caso, a solução para *A* é não fechar o acordo com *Y*, dizendo: foi ótimo negociar com vocês, mas, no momento, tenho alternativa melhor; vamos continuar em contato, pois, no futuro, quem sabe não possamos gerar opções que nos satisfaçam mais adequadamente?

Vemos que a Macna reflete o equilíbrio e o desequilíbrio de forças na negociação, uma vez que determina um referencial para a decisão quanto ao prosseguimento ou não da negociação, visando ao fechamento do acordo. Aquele que tem a Macna forte pode exigir mais durante o processo de negociação; em contrapartida, aquele que tem a Macna fraca sentir-se-á mais motivado a negociar e também a fazer concessões. Deve-se procurar a correta percepção da Macna, evitando assim firmar um acordo que não aumente o estado atual de satisfação.

No Caso Dryland, diante da nova realidade, as alternativas para a Watoilgas não parecem boas, pois, caso o acordo não saia, a empresa pode invocar tratados, acionando o governo em tribunais internacionais. Entretanto, o governo tem a possibilidade de resistir ao acordo, contando com o argumento da soberania. Ocorre, porém, que a manutenção de uma posição de força, por parte do governo, pode levar, a longo prazo, à retirada das empresas investidoras de seu país, pelo aumento do risco político devido a essa posição de força.

Os interesses por trás das posições de cada lado

É importante que o objeto da negociação seja analisado e seja investigada a possibilidade de flexibilização para cada uma de suas partes. Em cada uma das peculiaridades do objeto de uma negociação — termos econômicos, prazos, mão de obra alocada, programas de trabalho, condições legais, entre outras —, deverão ser feitas sondagens, uma análise dos interesses a elas relacionados e uma avaliação da flexibilidade em cada caso: um prazo pode ser estendido? Por quanto tempo? Um pagamento pode ser parcelado? A mão de obra pode ser alocada por etapas? As atividades podem ser cumpridas em prazos menores? O mesmo exercício deve ser feito em relação à outra parte na negociação para que, durante o processo de conhecimento gerado a cada rodada, tais conjeturas tenham sua veracidade testada e verificada. De nada vale uma concessão que não satisfaça algum interesse da contraparte.

No Caso Cope, a Intersis, empresa distribuidora, quer assegurar a sobrevivência a curto prazo, deseja manter seu quadro de técnicos especializados, valoriza sua imagem tanto em relação à contratante — a Cope —, quanto em relação à TEC, seu principal fornecedor. Por isso, tem como objetivo participar da reunião onde todos os assuntos do projeto serão tratados e influenciar para que a Cope decida pagar a parcela principal através de *leasing*.

No Caso Dryland, a companhia quer firmar-se no país, contribuir para seu desenvolvimento, garantindo a obtenção de novas oportunidades de negócios, participar de um projeto economicamente viável, entre outros interesses. O governo deseja ter seus recursos naturais protegidos, mas, por outro lado, também deseja ver reduzido o risco associado ao seu país, para garantir a entrada de mais investimentos.

E nos Casos Aquisição e UHE? Quais serão os interesses por trás das posições?

As opções possíveis a serem colocadas na mesa visando à composição de interesses

Levantados e explicitados os interesses de cada parte (considerando, inclusive, os interesses dos "fantasmas" ou *stakeholders* de cada lado), é possível iniciar um processo de geração de opções (soluções geradas ou levadas à mesa de negociação, visando à composição de interesses explicitados de modo a ambas serem atendidas).

No Caso Dryland, as opções seriam: a manutenção das condições contratuais anteriores, com a garantia de algum volume determinado de investimentos a longo prazo, tendo em contrapartida a estabilidade contratual também garantida, "imunizando seus futuros contratos"; a migração para a estrutura legal nova, com uma contrapartida de incentivos fiscais para restabelecer a atratividade dos projetos.

Use sua imaginação e investigue opções para os Casos Aquisição, Cope e UHE.

As características pessoais dos negociadores envolvidos e o processo de interação visando à construção do relacionamento

Os negociadores devem constantemente testar e analisar a outra parte. Não se deseja deixar as partes na mesa de negociação tensas ou tímidas, especialmente quando é almejado um acordo que seja implementado com qualidade. A informação é peça preciosa no processo e seu intercâmbio tem muito de ciência e de arte.

No Caso Dryland, a empresa precisa ter muito tato e cuidado na formação de suas equipes de negociação, uma vez que os negociadores do governo deverão comportar-se de forma assertiva durante a interação. As partes devem levar em conta a diversidade cultural e os condicionantes ideológicos, religiosos e étnicos sobre as pessoas envolvidas. Os representantes governamentais devem dosar a força aparente de sua Macna, para que a assertividade de seus representantes seja adequadamente controlada (pois pode denotar agressividade) e o relacionamento seja preservado.

Que precauções os negociadores deveriam ter, no plano relacional, nos Casos Aquisição, Cope e UHE?

Preparação para a eficácia das interações

O processo de comunicação na negociação ocorre pela passagem de uma ideia ou informação entre as partes. Essas partes interpretam a informação, objeto da comunicação, pela comparação entre ela e os modelos mentais advindos de sua capacidade de percepção e de sua experiência. Preparar-se para que as interações possam ser eficazes requer uma reflexão antecipada sobre como o processo de comunicação poderá ser mais bem utilizado. Modelos mentais, como os ídolos de Bacon,[18] sugerem diferenças entre as pessoas que afetam a eficácia do processo de comunicação, pois as interpretações finais sobre o objeto podem facilmente diferir. Para ser eficaz, a comunicação deve ocorrer respeitando três momentos:

Emissão da informação — Recepção — Validação ou reconhecimento

Não basta apenas passar a informação e esperar que o outro compreenda exatamente o que queremos. Seus modelos mentais são diferentes dos nossos! É preciso verificar se, após ter recebido a informação, sua interpretação da realidade é a que desejamos. Cabe sempre a pergunta sobre o entendimento da outra parte em relação ao que pretendíamos informar. Assim como cabe sempre a paráfrase ao recebermos uma informação.

Uma boa validação (o terceiro momento no processo de comunicação) permite verificar se estamos nos comunicando em sintonia com os ídolos da outra parte, pois eles são res-

[18] Ídolos do teatro (tradições), ídolos da tribo (percepções individuais), ídolos da caverna (experiência), ídolos do foro (comunicação verbal). Para saber mais sobre os ídolos preconizados por Francis Bacon, consulte a *Encyclopaedia Brittanica* (v. 2, p. 996).

ponsáveis pela interpretação que cada indivíduo faz da realidade. Essa sintonia permite constatar que a realidade é função da interpretação que damos do universo e, de certa forma, nos permite exercer o "socratismo" da admissão da nossa ignorância, uma vez que ignoramos como o outro vê a realidade (interpretada pelos seus ídolos) e o outro ignora a nossa visão de realidade. Quando permitimos a comunicação e o entendimento entre ídolos, exercitamos o "platonismo", associado à saída da caverna da ignorância em busca do conhecimento que podemos ganhar através da percepção do universo na ótica dos ídolos da outra parte. Uma boa comunicação durante o processo de negociação permite-nos evoluir como seres humanos, exercitando o "socratismo" e o "platonismo" anteriormente mencionados, ampliando a janela de contemplação do universo. Assim, a visão de mundo é aumentada pela interação eficaz com o outro lado.

A comunicação em sintonia com os ídolos preconizados por Francis Bacon cria na outra parte a sensação de que estamos atentos aos seus interesses e buscando entendê-los. Falando com os ídolos e admitindo que a verdade pode ser vista na sua ótica, estaremos respeitando sua visão de mundo e, consequentemente, respeitando sua cultura, trazendo o relacionamento para um nível ético cada vez mais elevado. Elevar o "nível ético" no processo de negociação permite o estabelecimento de compromissos factíveis e respeitados pelas partes, resultando no melhor acordo, se, ao final do processo de negociação, a opção de acordo alcançar um nível de satisfação superior ao obtido por meio da melhor alternativa que nos resta, caso o acordo não seja atingido.

A comunicação eficaz, nos seus três momentos já mencionados, consolida uma boa equipe negociadora e, por favorecer a coesão interna, contribui para o seu desempenho.

Equipes de negociação

Em negociações mais complexas, é mais razoável estruturar uma equipe de negociação. A experiência tem mostrado que negociações conduzidas por uma equipe são levadas a cabo eficientemente quando os grupos são compostos por três a cinco participantes, em que o espírito de equipe pode ser desenvolvido e gerenciado convenientemente. Marsh (1974) menciona que, no caso de negociações de contratos, quatro áreas deverão estar cobertas:

- comercial — preço, entrega, política de risco;
- técnica — especificações, programas, métodos de trabalho;
- legal — documentos contratuais, termos e condições, seguro, interpretação legal;
- financeira — termos de pagamento, seguros de crédito, garantias.

Considerando tais áreas, a equipe de negociação permanente para um contrato complexo deve ter quatro pessoas, com o apoio e a participação de outros membros quando necessário.

É importante, durante a fase de preparação, que se estabeleça um negociador para liderar o processo. Esse negociador deve ter, entre outras qualificações, conhecimentos sobre os aspectos importantes do escopo, o tema e o assunto objeto de negociação, bem como sobre técnicas de negociação, além de dispor de modelos mentais de negociação para agir sobre pressão e incerteza. O líder de uma equipe negociadora deve comunicar-se de forma expressiva, ouvir ativamente, analisar com objetividade os argumentos, manter autocontrole sob severa pressão; além disso, deve ter: senso de humor, determinação, atenção às questões principais, capacidade de lidar com pessoas de diferentes nacionalidades, culturas, religiões e classes sociais, evitando o preconceito.

O líder terá de, entre outras responsabilidades, selecionar os membros da equipe, preparar um plano geral, negociar internamente níveis de autonomia, elaborar e/ou ajustar a estratégia com a adequada utilização de passos táticos, delegar funções táticas aos membros da equipe, fazer e aceitar contrapropostas, garantir o entusiasmo e o moral da equipe, funcionar como um técnico que busca aprender com cada episódio de forma a fortalecer sua equipe.

O líder carrega consigo a responsabilidade pela estratégia da negociação no sentido de atingir o resultado almejado. Deve, com o apoio da equipe, buscar compreender os interesses que compõem as posições da outra parte, para que possa formular acordos que levem em conta os interesses de ambas as partes. Deve decidir dentro do limite da autoridade que lhe for delegada. Deve ser um mediador e um conciliador na dimensão interna da equipe.

Durante as rodadas de negociação, o líder deverá posicionar-se de forma a comunicar-se rapidamente com seus pares. Os outros membros atuarão apoiando seus argumentos e procurando explorar os interesses do outro lado. Devem testar hipóteses e buscar a veracidade dos fatos apresentados. Um dos participantes deve ser designado para observar os interlocutores e fazer anotações sobre o que se passar durante o processo, prestando atenção às propostas, respostas e à linguagem não verbal. A equipe deve preparar-se para entender os sinais do líder, para propor e aceitar paradas estratégicas, ou *caucus meetings* (Karrass, 1995), e para discutir pontos não agendados; deve manter o consenso, evitando demonstrar desentendimentos na mesa de negociação. Caso haja alguma divergência de opinião, esta não deve ser explicitada durante a interação. Se a divergência levar a interpretações pessoais e à possibilidade de um "sequestro de amígdala", cabe uma profunda respiração

(Nierenberg, 1991) e a proposição de uma parada estratégica para que os ânimos se acalmem. Nesses momentos, terceiras partes podem ajudar o avanço do processo negociador. Quantas vezes desempenhamos esse papel!

Conciliadores, mediadores e intermediários

Oportunidades de negociação surgem com frequência, pois, como vimos anteriormente, é da essência do ser humano negociar. Em negociações simples, o negociador pode atuar individualmente, mas deve estar sempre atento aos princípios e conceitos até agora apresentados de forma a buscar o acordo que aumente seu estado de satisfação.

Eventualmente, uma pessoa pode ser chamada a atuar como conciliador ou mediador. Em tais casos, deve ser capaz de se colocar no lugar de cada uma das partes e assumir o lugar de um terceiro imparcial. Sua função, nesses casos, é a de atuar com neutralidade e justiça, orientando as partes no sentido da obtenção do acordo. Deve explorar os interesses não explicitados. Deve investigar a flexibilidade das partes em relação a cada ponto objeto da negociação e estimular os interlocutores a alcançarem uma solução justa que satisfaça os interesses mútuos.

No Caso Dryland, intermediários com bom relacionamento junto ao governo deverão ser acionados para investigar os *stakeholders* que devem ser entrevistados e que tenham poder de persuasão junto aos decisores do governo. Devem programar reuniões informais para investigar as características dos ídolos de Bacon dos representantes do governo, de forma a melhorar o processo de comunicação com tais ídolos. Eventualmente, mediadores como embaixadores ou especialistas em relações internacionais e nos resultados advindos de regimes fiscais inadequados ou de aumento no risco político devem ser acionados para mostrar ao governo que sua Macna pode não ser tão forte quanto possa imaginar.

Além da preparação para eficácia das interações, das equipes e dos papéis que podem ser desempenhados no processo, outros aspectos do planejamento devem ser levados em conta.

Outros aspectos do planejamento

Durante o planejamento e a preparação, deve-se estar atento aos aspectos práticos relacionados à dinâmica dos encontros. É importante relembrar e destacar alguns detalhes logísticos e de preparação que geram impacto sobre os aspectos substantivos e sobre os aspectos relacionais desenvolvidos nos capítulos anteriores.

O local deve ser preparado criteriosamente, de forma a ser agradável e com espaço suficiente para que os atores possam trabalhar com eficácia, concentração e paz. Recursos de informática e de comunicação devem ser disponibilizados para acelerar o processo de coleta de informações para a eficácia do processo decisório.

A agenda deve ser programada de forma a considerar todos os pontos a serem discutidos e deve ser distribuída previamente, para que as partes possam se preparar adequadamente. Deve-se evitar encontros muito longos e com pouco tempo para reflexões, relaxamento e reuniões separadas de grupos. As equipes de negociação de outras organizações que estiverem negociando em nossa organização têm o direito de solicitar a retirada das demais equipes, para que possam se reunir para discussões internas e tomadas de decisão.

Os cronogramas devem ser elaborados considerando o tempo que se pretende alocar para a aprovação e para que as autorizações internas sejam obtidas (certas organizações têm um processo decisório lento e o tempo alocado para esse processo deve ser considerado).

O tempo de execução deve ser programado de forma a evitar pressões exageradas, levando a concessões indevidas; a maior parte das concessões ocorre no final do tempo alocado.

Macna, informação e tempo representam poder em negociação. Macna expressa o poder relativo no que tange à capacidade para exigir ou para fazer concessões; quanto melhor o nível da informação, melhor a compreensão dos aspectos relacionais e substantivos presentes na negociação, o que leva à capacidade de legitimar propostas e de ganhar credibilidade durante o processo; quanto maior a disponibilidade de tempo, maior a capacidade de resistir à solicitação de concessões. O poder na negociação está ligado a aspectos substantivos, como Macna, informação, tempo, e também a aspectos relacionais, como a capacidade de se relacionar e de obter informação. Ter autoridade não significa necessariamente ter poder. Um negociador pode ir para a mesa de negociação com autoridade limitada, mas sempre terá um grande poder: o de participar do processo e saber o que está realmente em jogo; o de "garimpar" interesses subjacentes às posições inicialmente colocadas na mesa; e, se criativo, o poder de criar soluções inovadoras, capazes de conciliar os interesses das partes e influenciar.

Não há como planejar muitos desses aspectos de natureza logística, como os associados ao tempo, à informação, ao poder e à autoridade. É na execução que o negociador atento, concentrado e rápido será desafiado a tomar decisões rápidas sob pressão e incerteza.

Execução

Em cada estágio da execução, a energia deve ser canalizada para a eficácia do processo, visando ao alcance dos objetivos estabelecidos. Aqui os ídolos de Bacon devem ser respeitados, pois estará o negociador face a face (intermediado, eventualmente, por uma mesa, ou por um monitor de vídeo, um telefone ou um computador) com as outras partes. E cada uma dessas partes tem sua área pública, da Janela de Johari, que só se abrirá pela via da reciprocidade, e a eficácia dessa reciprocidade é proporcional à força do relacionamento.

Criar um clima adequado, respeitando as tradições (ídolos do teatro), as percepções individuais (ídolos da tribo), a experiência (ídolos da caverna) e a comunicação verbal (ídolos do foro), respeitando rituais com as abordagens adequadas, é fundamental para fortalecer o relacionamento, objetivando o intercâmbio da informação. A informação é preciosa, pois permite a exploração dos reais interesses das partes e a composição de opções para ganhos mútuos, e o processo de geração de opções para ganhos mútuos tem como fulcro o acordo final, refletindo o compromisso entre as partes, seja verbal ou através de um contrato.

Se o contrato é um ritual de encerramento, as convenções sociais levadas em conta e a primeira impressão podem ser fatores decisivos em certas negociações.

Rituais e convenções sociais

Durante os primeiros 15 minutos, nas preliminares das negociações, os ídolos de Bacon de cada uma das pessoas estão atentos e fazendo uma análise minuciosa sobre cada um dos movimentos das outras. É importante preparar-se corretamente em termos de vestuário, comportamento, conhecimento e atuação. Se o negociador conseguir fazer a outra parte encontrar pontos de vista compatíveis com os seus, uma estrutura mental de parceria pode ser obtida logo no início dos trabalhos. Deve-se buscar o máximo possível de informações sobre o outro lado, principalmente as relacionadas aos seus ídolos de Bacon. As tradições devem ser respeitadas. Deve-se dar atenção especial aos cartões de apresentação, procurando, sempre que possível, memorizar os nomes e o *status* na organização de cada um dos representantes das partes, anotando nos cartões informações que levem à lembrança de aspectos importantes para contatos posteriores. Em negociações internacionais, durante a preparação, é fundamental obter informações sobre culturas, etnias, valores, crenças, religiões, política, procurando-se evitar, durante o contato, assuntos delicados como os relacionados a religião e política, por exemplo. A globalização tem atenuado diferenças culturais, mas elas existem e devem ser respeitadas. Em certos países, alguns indivíduos têm títulos que pretendem ver utilizados, principalmente por estrangeiros. Por exemplo: uma autoridade que tem o título de *chief*, ao ser tratada com um pronome de tratamento usual (senhor ou senhora), pode retrucar: *My title is chief*!!! Rituais e convenções sociais devem ser conhecidos e respeitados.

Assim como ações relacionais de aproximação são fundamentais, o negociador também deve articular, de maneira racional, ações assertivas, sustentadas por argumentos sólidos, que levem a propostas convincentes que, por sua vez, conduzam ao fechamento do acordo desejado.

Reflexões sobre propostas irrecusáveis

Durante a interação, é importante levar em conta ensinamentos derivados das negociações baseadas em princípios, nas quais o negociador separa as pessoas do problema, concentra-se nos interesses, inventa opções para ganhos mútuos e utiliza critérios objetivos, aliados a uma comunicação eficaz, garante a *objetividade* pois focaliza os interesses, reforça a *confiança* e solidifica o *relacionamento* por tratar pessoas de forma suave e digna, atacando o problema por meio da busca de opções *legítimas* que atendam os interesses das partes, promovendo ganhos mútuos. Projeta assim, na outra parte, uma estrutura mental de parceria, uma vez que, atuando com base nos princípios enunciados, reforça a ideia da negociação visando à obtenção de propostas irrecusáveis. Assim, uma proposta será irrecusável se for:

- *suficiente* — resolva o problema levando em conta os interesses das partes, incluindo os interesses dos "fantasmas" ou *stakeholders*;
- *realista* — possa ser executada sem que nenhuma objeção de caráter técnico ou legal a torne impossível;
- *operacional* — possa ser implementada também em seu aspecto operacional.

Por exemplo, suponhamos que, durante o processo de negociação para executar o projeto de uma fábrica de beneficiamento de uma determinada fruta, a construção deva ser realizada em seis meses e uma empresa de engenharia, uma das partes em negociação, tenha a capacidade técnica de projetá-la. A proposta que leva à construção da fábrica será suficiente, pois concilia os interesses de ambas as partes. Será também realista se houver o local adequado para a fábrica. Suponhamos ainda que a outra parte tenha o local adequado para a construção; entretanto, para aquele determinado local, é legalmente necessário uma permissão do Ibama. A proposta ainda assim é realista, pois é possível legal e tecnicamente. Se tal permissão puder ser obtida em menos de seis meses, a proposta será também suficiente e, portanto, irrecusável. Entretanto, se a permissão do Ibama só puder ser obtida em oito meses, a proposta não se revestirá da característica de operacionalidade, não sendo, consequentemente, irrecusável.

Uma proposta irrecusável será tal que a única resposta para a sua apresentação seja o "sim". Não há como refutá-la. Ela se revestirá, assim, das características fundamentais para ser levada adiante, dando a ambos os negociadores a "ponte de ouro" de argumentos necessários para levá-la internamente e obter a autorização para que o acordo seja fechado. Um dos objetivos principais de qualquer negociador deve ser a proposta irrecusável, pois ela levará à materialização da parceria e ao reforço do relacionamento.

Fortalecer o relacionamento com um comportamento ético resultante da aplicação dos pontos expostos possibilita escolher o posicionamento estratégico ou tático mais adequado a cada situação. O negociador ganha credibilidade e pode ser mais assertivo quando necessário (quando o resultado é para ele mais importante), pois a outra parte entenderá uma manifestação assertiva como uma demanda que deve ser respeitada, e não como uma agressão ou uma armadilha tática; pode compor através de uma concessão e não será visto como fraco, mas como produtor de um elemento no processo de reciprocidade (uma concessão, ou acomodação, da outra parte tenderá a vir naturalmente); pode evitar algum ponto para posterior discussão, sem ser visto como negligente.

A abordagem a ser exercitada durante as interações de negociação pode ser favorecida quando baseada nos princípios já apresentados.

Tipos de abordagem durante a interação

Durante o processo, os negociadores podem utilizar artifícios e táticas visando à obtenção de posições estratégicas. Um dos grandes segredos para lidar com tais táticas é o "*aikido* negocial". *Aikido* (*ai* = harmonia, *ki* = energia, *do* = caminho: caminho da harmonização da energia) é uma arte marcial que, ao invés de opor energia a energia, se propõe a seguir com o fluxo de um ataque, submetendo o adversário pela utilização da energia do agressor contra si próprio. Em negociação, não se deve opor agressividade a agressividade. A calma deve ser mantida e deve-se buscar um meio de, sem agressividade, fazer com que a outra parte entenda que o *jogo sujo* não conduz ao fim objetivado. Uma proposta indecorosa deve ser analisada no seu todo, principalmente levando em consideração a argumentação que antecede essa proposta. Em jogos competitivos, uma proposta tão indecorosa, baseada nos mesmos princípios e raciocínios utilizados pela fonte agressora, pode ser idealizada, levando a um resultado tão indecoroso quanto o original e aplicado contra a força agressora. Ao receber tal proposta e suas consequências, a outra parte poderá ser levada a perceber que o jogo não será aceito e o respeitará.

Quando superados os impasses e os convites à ruptura, o acordo é alcançado. O desafio agora é o da sua implementação, assegurando que as condições negociadas sejam efetivamente cumpridas. O acompanhamento e a avaliação possibilitam o desenvolvimento pessoal e profissional do negociador por meio da aprendizagem.

Controle das condições e avaliação

O controle ocorre após a etapa de encerramento da fase de execução e tem por objetivo específico controlar as condições posteriores, avaliar o processo e aprender com a experiência. Todos os registros efetuados durante a fase de execução devem ser analisados, visando um adequado acompanhamento da implementação e a busca do comportamento ideal para futuras negociações (ou rodadas de negociação).

Acompanhamento e checklists

O acompanhamento é fundamental para melhorar o processo, desde sua evolução, pelos diversos momentos da execução até a implementação de acordos. O acompanhamento se inicia durante a fase de execução, quando observações são feitas e são tomadas notas dos detalhes dos aspectos substantivos, relacionais e de processo. Erros e acertos de planejamento devem ser analisados e corrigidos; por isso, listas de verificação (*checklists*) são convenientes para que todos os aspectos sejam levados em conta.

Equipes de negociação precisam trocar ideias para se afinarem para as próximas etapas e o relacionamento interno em cada equipe deve ser fortalecido. A equipe estava em harmonia? O líder teve o suporte necessário de todos? Houve sequestro de amígdala? É importante investigar os motivos de desvios e atuar no sentido de corrigi-los para negociações futuras.

A relação entre o que foi previsto e o que foi realizado deve ser analisada. Foram alcançados, durante a execução, os objetivos traçados durante o planejamento? O que funcionou e o que não deu certo? Que surpresas ocorreram? Poderiam ser previstas com uma melhor preparação? Como evitá-las nas próximas rodadas? As concessões foram equilibradas? As Macnas foram bem avaliadas? Os interesses foram explorados? E os dos "fantasmas", foram considerados?

A operacionalização dos acordos deve ser estudada, com a elaboração paralela de planos de implementação. Devem ser envolvidos os colaboradores que estarão diretamente ligados ao projeto e sujeitos aos acordos ou contratos que regerão as suas diversas etapas. Muitas vezes o acordo é negociado por um grupo de pessoas e a implementação é feita por outro. É importante a interação dos grupos de negociação com os de implementação, para que a implementação reflita, por meio de medidas adequadas, os compromissos assumidos.

É no controle que acompanhamos as condições negociadas, corrigimos desvios e verificamos a necessidade de alterações contratuais e, eventualmente, de renegociações, revisões e ajustes.

Renegociações, revisões e ajustes

Muito bem! Uma etapa de negociações já aconteceu, o acordo foi firmado e vale para regulamentar os direitos e obrigações das partes, em projetos com a duração de vários meses ou anos. A cada etapa do projeto, o acompanhamento e o controle vêm sendo efetuados com sucesso. As partes têm conseguido fortalecer o relacionamento e o projeto vem sendo implementado como previsto. O contrato é cumprido corretamente no que tange aos direitos e obrigações das partes. Mas o mundo é dinâmico e mudanças ocorrem. As *partes* envolvidas modificam e assumem papéis diferentes; o *objeto* é alterado, subdividido ou detalhado; e o *contexto* é dinâmico, sofrendo influências de diversificadas variáveis ambientais. E o contrato que era sólido e válido passa, em determinado momento, a ser interpretado de forma diferente pelas partes envolvidas — hoje representadas por pessoas que não participaram do processo de negociação, ou então, como no Caso Dryland, as mudanças são impostas sob invocação da soberania nacional.

O que fazer então? Tudo o que foi apresentado até agora — ou seja: uma boa preparação envolvendo escopo, os aspectos relacionais e substantivos, as partes, os "fantasmas", as necessidades e interesses, as opções e objetivos, as alternativas de posicionamentos estratégicos, a Macna e os resultados desejados, considerando sempre que é fundamental manter-se em estado de alerta e respeitar as partes envolvidas.

Neste capítulo, diversos aspectos práticos que favorecem negociações e administração de conflitos foram tratados. Procuramos resumir os aspectos conceituais, relacionais e substantivos apresentados nos capítulos anteriores, enriquecendo-os com conhecimentos provenientes de outras áreas e decorrentes dos conhecimentos adquiridos por experiências pessoais dos autores. Em todo o capítulo, esteve presente a ideia de concentrar o foco nos aspectos práticos e nos cuidados a serem tomados, visando tornar as negociações mais eficazes e bem-sucedidas.

Conclusão

Agora é com você, prezado leitor!

As ideias propostas neste livro indicam como se pode abordar processos de negociação, visando acordos que satisfaçam todas as partes envolvidas. Sugerimos, para melhor apreensão dos conceitos, que os casos apresentados adiante sejam analisados com essas ideias em mente.

No Caso Aquisição, quais seriam as similaridades e diferenças com as negociações de alianças, fusões ou cisões de empresas? Como abordar negociações de compra e venda que envolvem contratos de prestação de serviços entre diversas partes, como no Caso Cope? De que maneira as abordagens integrativas e distributivas se manifestam nas diversas fases do processo de negociação? Como enfrentar os representantes do governo, como no Caso Dryland? De que forma levar em consideração os aspectos multiculturais, as regras do jogo e os riscos envolvidos em empreendimentos cujo retorno é de longo prazo? Que precauções tomar nas negociações com múltiplas partes, como no Caso UHE? Quais as precauções necessárias quando diversos *stakeholders* manifestam diferentes necessidades e interesses antagônicos?

Quando falamos de negociações, temos a tendência de colocá-las em eventos complexos dos quais participam personalidades de relevo do mundo dos negócios, do meio político e das esferas diplomáticas. É claro que as grandes negociações são muito importantes e ricas em exemplos, servindo como ilustração para a análise e o aprendizado, mas a maioria das negociações que fazem parte do nosso cotidiano ocorre em contextos das nossas relações e a sua complexidade manifesta-se correlacionada com os níveis de complexidade e responsabilidade de nossas atribuições. Seus riscos são maiores quando envolvem nossos patrimônios e expectativas materiais. A sua carga emocional é ampliada quando envolvem pessoas de nossas relações e com as quais convivemos e afetam os sentimentos mais valorizados.

O aprendizado da negociação é contínuo. Aí está o grande desafio! No campo da gestão empresarial, no gerenciamento de projetos, na gestão de recursos humanos, na logística empresarial, na gestão de marketing, na gestão financeira, na gestão ambiental — enfim, nas interações intergrupais e interpessoais de todo tipo.

O processo é cíclico e não se esgota; a aprendizagem é contínua! Por isso, o negociador busca aprender sempre, diversificando e aprofundando, ouvindo e observando — em suma, tratando de tornar mais aguda a sua percepção, para fortalecer essa habilidade que sempre pode melhorar.

Referências

ABNT. *NBR ISO 10006*: gestão da qualidade: diretrizes para a qualidade no gerenciamento de projetos. Rio de Janeiro, 2000.

BAILY, Peter; FARMER, David; JESSOP, David; JONES, David. *Compras*: princípios e administração. São Paulo: Atlas, 2000.

BATEMAN, Thomas S.; SNELL, Scott A. *Administração*: construindo vantagem competitiva. São Paulo: Atlas, 1998.

BAZERMAN, Max H.; NEALE, Margaret A. *La negociación racional*. Barcelona: Paidós, 1993.

BERLEW, David; HARRISON, Roger; RUBIN, Irwin M. *The effective uses of power and authority*. New York: McGraw-Hill, 1979.

______; MOORE, Alex; HARRISON, Roger. *The positive negotiation program*. Boston: Situation Management Systems, 1984.

BLAKE, Robert; MOUTON, Jane. *O grid gerencial*. São Paulo: Pioneira, 1975.

BURGESS, Heidi; SPANGLER, Brad. *What is consensus building?* Disponível em: <www. beyondintractability.org/m/consensus_building.jsp>. Sept. 2003.

CALLIÈRES, François de. *Como negociar com príncipes*: os princípios clássicos da diplomacia e da negociação. Introdução de Charles Handy. Tradução de Cristiana Serra. Rio de Janeiro: Campus, 2001.

CARVALHAL, Eugenio do. *Estilos, comportamentos e práticas de influência dos negociadores do Rio de Janeiro*. Dissertação (Mestrado em Gestão Empresarial) — Escola Brasileira de Administração Pública e de Empresas, Fundação Getulio Vargas, Rio de Janeiro, mar. 2001.

______. *Negociação*: fortalecendo o processo: como construir relações de longo prazo. 4. ed. Rio de Janeiro: Vision, 2005.

COHEN, Herb. *Você pode negociar qualquer coisa*. Rio de Janeiro: Record, 1980.

COLAIÁCOVO, Juan Luis. *Negociação moderna*: teoria e prática. Blumenau: Furb, 1997.

DAVIS, Flora. *A comunicação não verbal*. São Paulo: Summus, 1979.

DIMITRIUS, Jô-Ellan; MAZZARELLA, Mark. *Decifrar pessoas*: como entender e prever o comportamento humano. São Paulo: Allegro, 2000.

FIANI, Ronaldo. *Teoria dos jogos*. Rio de Janeiro: Elsevier, 2004.

FISHER, Roger; BROWN, Scott. *Como chegar a um acordo*. Rio de Janeiro: Imago, 1990.

______; ERTEL, Danny. *Estratégias de negociação*. Rio de Janeiro: Ediouro, 1997.

______; SHAPIRO, Daniel. *Beyond reason*: using emotions as you negotiate. New York: Vikiny-Penguin Group, 2005.

______; URY, William; PATTON, Bruce. *Como chegar ao sim*. 2. ed. Rio de Janeiro: Imago, 1994.

FURNHAM, Adrian. *Linguagem corporal e trabalho*. São Paulo: Nobel, 2001.

FUSTIER, Michel. *O conflito na empresa*. São Paulo: Martins Fontes, 1982.

GARDNER, Howard. *Estruturas da mente*: a teoria das inteligências múltiplas. Porto Alegre: Artes Médicas, 1994.

HALL, Edward T. *The hidden dimension*. Garden City, USA: Doubleday, 1966.

HAMPTON, David R. *Administração*: comportamento organizacional. São Paulo: McGraw-Hill, 1990.

HARRISON, Roger. *The collected papers of Roger Harrison*. San Francisco: Jossey-Bass, 1995.

HENDON, Donald; HENDON, Rebecca; HERBIG, Paul. *Cross cultural business negotiations*. Westport, Connecticut: Praeger, 1996.

KARRASS, Chester. *A study of the relationship of negotiator skill and power as determinants of negotiation outcome*. Thesis. University of Southern California, 1968.

______. *O manual da negociação*. Rio de Janeiro: Ediouro, 1994.

______. *Give and take*. New York: HarperBusiness, 1995.

KEMPER, Robert; KEMPER, Daniele. *Negotiation literature*. Metuchen, NJ: Scarecrow, 1994.

KUMMEROW, Jean; BARGER, Nancy; KIRBY, Linda. *WORKTypes*. New York: Warner Books, 1997.

LAX, David; SEBENIUS, James. *The manager as negotiator*. New York: Free, 1986.

LEWICKI, Roy J.; SAUNDERS, David M.; MINTON, John W. (Eds.). *Negotiation*: readings, exercises and cases. 3. ed. Boston: Irwin/McGraw-Hill, 1999.

______; ______; ______ (Orgs.). Ética em negociação. In: *Fundamentos da negociação*. Porto Alegre: Bookman, 2002.

LEVITT, Theodore. *1925*: a imaginação de marketing. 2. ed. São Paulo: Atlas, 1990.

LUFT, Joseph. *Of human interaction*. Palo Alto, California: National, 1969.

MALDONADO, Maria Tereza. *O bom conflito*. São Paulo: Integrare, 2008.

MARSH, P. D. V. *Contract negotiation handbook*. Westmead, England: Gower, 1974.

MARTINELLI, Dante Pinheiro. *Negociação empresarial*. Barueri: Manole, 2002.

MASLOW, Abraham. *Diário de negócios de Maslow*. Organizado por Deborah Stephens. Rio de Janeiro: Qualitymark, 2003.

MELLO, José Carlos Martins F. de. *Negociação baseada em estratégia*. São Paulo: Atlas, 2003.

NIERENBERG, Gerard. *El negociador completo*. Madrid: Espasa-Calpe, 1991.

PMBOK GUIDE. A guide to the Project Management Body of Knowledge. 4. ed. Project Management Institute, 2008.

PORTER, Michael E. *Estratégia competitiva*: técnicas para análise da indústria e da concorrência. Rio de Janeiro: Campus, 1986.

RACKHAM, Neil. The behaviour of successful negotiators. In: LEWICKI, Roy J.; SAUNDERS, David M.; MINTON, John W. (Eds.). *Negotiation*: readings, exercises and cases. 3. ed. Boston: Irwin/McGraw-Hill, 1999.

RAIFFA, Howard. *El arte y la ciência de la negociación*. México: Fondo de Cultura Económica, 1991.

SANER, Raymond. *O negociador experiente*. São Paulo: Senac, 2002.

SCHMIDT, S. M.; KOCHAN, T. A. Conflict: toward conceptual clarity. *Administrative Sciene Quarterly*, n. 17, p. 359-370, 1972.

SCHULTZ, Duane; SCHULTZ, Sydney Ellen. *Teorias da personalidade*. São Paulo: Pioneira Thomson Learning, 2002.

SHELL, Richard. *Negociar é preciso*: estratégias de negociação para pessoas de bom senso. São Paulo: Negócio, 2001.

STONE, Douglas; PATTON, Bruce; HEEN, Sheila. *Conversas difíceis*. Rio de Janeiro: Campus, 1991.

THOMAS, Kenneth; KILMAN, Ralph. *Thomas-Kilman conflict mode instrument*. Tuxedo Park, New York: Xicom, 1974.

VERGARA, Sylvia Constant. *Projetos e relatórios de pesquisa em administração*. São Paulo: Atlas, 2000.

WAGNER III, John A.; HOLLENBECK, John R. *Comportamento organizacional*. Rio de Janeiro: Saraiva, 1999.

WALTON, Richard. *Pacificação interpessoal*. São Paulo: Edgard Blucher, 1972.

WANDERLEY, José Augusto. *Negociação total*. São Paulo: Gente, 1998.

WOOD, Jack; COLOSI, Thomas. A negociação envolve mais do que duas pessoas. In: FINANCIAL TIMES. *Dominando administração*. São Paulo: Makron, 1999.

Apêndice
Casos de negociação

Caso da aquisição de empresa no exterior: Caso Aquisição

Caso da aquisição de empresa no exterior – Caso Aquisição

A aquisição de uma empresa concorrente nos Estados Unidos, por uma grande empresa brasileira, é um projeto complexo, no qual tanto bens tangíveis, como instalações físicas da empresa, quanto bens intangíveis, como sua marca e o conceito que tem no mercado, estão em negociação. Para a aquisição, a empresa brasileira escolhe uma equipe multidisciplinar entre seus executivos e contrata uma consultoria norte-americana, com o objetivo de identificar, entre todas as possibilidades, a empresa que melhor atende a seus pré-requisitos para a aquisição e, assim, estabelecer-se no mercado dos Estados Unidos. Uma empresa foi escolhida entre cerca de 50 analisadas. Deu-se, então, início ao processo de negociação, procurando criar o máximo de valor e sinergia entre as partes envolvidas, pois o objetivo era manter o proprietário e executivo principal à frente da empresa, agora na posição de presidente e não mais de dono.

continua

Questões sobre o caso

- Como o planejamento do processo de negociação facilitou a aquisição?
- Que tipo de estratégia de negociação a empresa norte-americana conseguiu usar para fazer a empresa brasileira aumentar sua proposta original?
- Como a empresa brasileira garantiu que os aspectos substantivos da negociação fossem de fato alcançados na conclusão do processo?

O cenário

Uma empresa brasileira de grande sucesso na área de serviços decidiu que pelo menos 30% de suas receitas deveriam ser gerados por negócios realizados no exterior. Dadas as características do negócio, a direção optou pela estratégia de adquirir uma empresa concorrente já bem estabelecida nos Estados Unidos. A empresa fixou um limite de até US$ 30 milhões, para comprar o controle de uma empresa norte-americana, em no máximo um ano. Ficou estabelecido que o retorno mínimo previsto para o investimento deveria ser de 20% ao ano, em dólares. Foi designada, então, uma equipe multidisciplinar para conduzir esse projeto.

Após uma bem realizada etapa de pesquisa, assessorada por uma empresa norte-americana especializada, foram listadas cerca de 50 empresas que atuavam no segmento escolhido no mercado dos Estados Unidos. Essas empresas foram avaliadas criteriosamente e sete delas foram escolhidas para uma análise ainda mais detalhada, que envolvia pesquisa junto a seus clientes, fornecedores, bancos e até ex-empregados.

Ao término dos estudos, as sete empresas foram visitadas por uma equipe, ainda sem divulgar a real missão que cumpria. Entre as sete, uma empresa foi escolhida para uma aproximação que levasse a uma negociação objetiva de compra.

O objeto

A empresa brasileira convidou o dono e principal executivo da empresa norte-americana para uma conversa sobre a aquisição, deixando a seu critério a escolha de onde ocorreria o encontro. O executivo preferiu que a reunião acontecesse no Brasil e num domingo.

Durante o primeiro encontro, após vários minutos de uma conversa amigável, o tema objeto da reunião passou a ser abordado pelo presidente da empresa brasileira. Este manifestou formalmente seu interesse em iniciar uma negociação que teria como objetivo final a aquisição da empresa norte-americana.

O executivo visitante disse que tinha interesse em avançar nas negociações e que tinha em mãos um documento, com cerca de 40 páginas, onde todas as informações relevantes sobre a sua empresa poderiam ser encontradas. Esse documento poderia ser entregue ao presidente da empresa brasileira mediante a assinatura de um acordo de confidencialidade.

No mesmo instante, o presidente da empresa brasileira apanhou uma folha em branco sobre a mesa, assinou-a e entregou-a ao executivo norte-americano. Ao receber a folha assinada em branco, o americano entregou ao presidente anfitrião o documento com as informações.

Às 12h a reunião terminou, com o brasileiro dizendo que iria estudar atentamente o documento e daria, então, um *feedback* ao executivo visitante.

Após várias reuniões internas, em que foi feita uma análise detalhada do documento, e com base em toda a pesquisa realizada na primeira etapa, a empresa brasileira informou ao executivo norte-americano que tinha formulado uma proposta e que estava pronta para apresentá-la onde e quando ele preferisse.

O executivo preferiu que fosse no Brasil, onde a proposta foi apresentada. O executivo ouviu, fez algumas perguntas e disse que iria considerá-la. Retornou para seu país no mesmo dia.

Sucederam-se várias conversas por telefone, e-mail e em novas visitas do executivo norte-americano ao Brasil, até que, em um determinado momento, houve um longo período de silêncio e as negociações pararam.

O problema

O presidente da empresa brasileira foi então informado, pelo assessor norte-americano, que "um novo jogador havia entrado no jogo".

Caso da companhia de projetos: Caso Cope

Caso da companhia de projetos – Caso Cope

Uma grande empresa fornecedora de sistemas de computação (TEC), uma distribuidora da TEC (Intersis) e uma empresa de projetos de engenharia (Cope) estão em meio a um processo de negociação que envolve hardware e software necessários para atender demandas da Cope. A TEC vendeu à Cope, através da Intersis, uma solução de tecnologia de informação. A Cope está insatisfeita em relação a aspectos importantes do sistema e reluta em informar sobre a forma de pagamento da parcela principal. A TEC cobra uma definição sobre esta informação. O cronograma de implantação está atrasado. A negociação a ser realizada entre representantes da TEC, Intersis e Cope poderá ter impacto no fluxo de caixa e nos cronogramas de trabalho das partes envolvidas.

Questões sobre o caso

- Quais são as partes direta e indiretamente envolvidas – os *stakeholders*?
- Qual é o objeto?
- Qual é o contexto?
- Quais são as necessidades das partes e seus objetivos?
- Que posicionamento estratégico de cada parte poderá levá-las mais próximo do resultado ótimo?

O cenário

A TEC é uma grande empresa de soluções na área de TI, muito conhecida, com ampla linha de produtos e serviços na área de informática e uma história de sucesso. A TEC preza muito sua imagem e comercializa suas soluções através de distribuidores regionais.

A Companhia de Projetos Especiais (Cope) é uma empresa de porte médio na área de projetos de engenharia, de alta produtividade, extremamente enxuta e ágil, que se tem destacado regionalmente por realizar projetos especiais com elevado padrão de qualidade.

A forma de realizar negócios praticada pela TEC nesse mercado segue o modelo apresentado na figura A.

Figura A

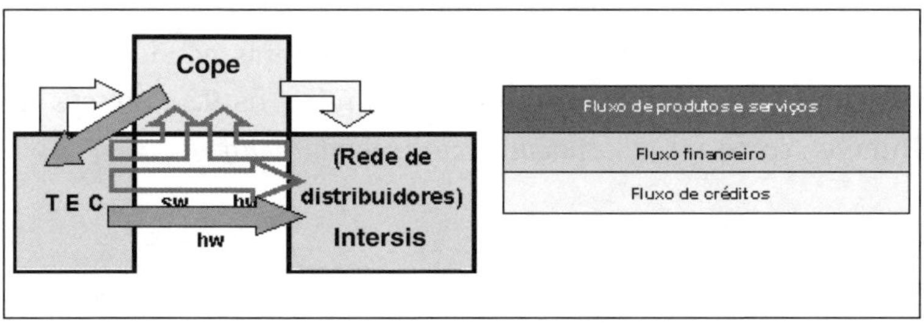

A Intersis é um distribuidor regional da TEC e um de seus agentes comerciais. Conta com 32 funcionários, mais capacitados do que a média, em especial os especialistas em hardware. Como toda empresa pequena, tem problemas de caixa e luta para manter o seu pessoal.

Estamos na segunda semana de março de 2006.

O objeto

Em novembro de 2005, a TEC e a Cope, com a interveniência da Intersis, que levantou a perspectiva em 2004, firmaram um contrato. O sistema SCP-2000 representa uma solução de negócios abrangente e atenderá a demanda de 92 usuários, podendo atingir 150 até o final de 2006.

A aquisição do sistema, feita pela Cope, foi baseada em critérios que definiram o objeto do negócio e a seleção: confiabilidade do sistema; produtividade, capacidade de ampliação, acesso a suporte e treinamento; solução coordenada por um *integrador*.

A Cope concordou em pagar o equivalente a US$ 180 mil à TEC pelo sistema SCP-2000, 92 *desktops*, a instalação da rede, incluindo todo o hardware, o software básico e aplicativos, com prazo para tornar o sistema totalmente operacional até 31 de maio de 2006.

Pelo acordo, a Cope tem um crédito de US$ 72 mil, fornecido pela TEC, para ser utilizado em compras na sua rede de distribuidores. A Cope optou por adquirir os 92 *desktops* da Intersis, *como reconhecimento pelo trabalho feito*.

O problema em potencial

Os *desktops* seriam instalados em quatro etapas, em grupos de 23 e integrados ao sistema, mês a mês, a partir de fevereiro de 2006. Essa seria a maneira de compatibilizar o fluxo físico, técnico e de capacitação dos usuários, para atender um grande cliente seu, o SuperShopping.

Em novembro de 2005, a Cope pagou à TEC US$ 36 mil e concordou em pagar o restante após a instalação e operacionalização da primeira etapa, ou seja, o sistema SCP-2000 e 23 *desktops* em rede e o correspondente treinamento.

O pagamento da parcela principal de US$ 144 mil seria definido entre duas alternativas (opção da Cope), dependendo das análises financeiras e vantagens tributárias: pagar em quatro parcelas mensais, iguais e sucessivas: 24 de fevereiro, de março, de abril e de maio de 2006; ou efetuar um *leasing* com a financeira da Cope, correspondente à parcela principal.

O problema real

Até 24 de fevereiro de 2006, a Cope ainda não tinha definido a sua opção de pagamento. O sistema instalado tem apresentado problemas na rede, o treinamento dos usuários está incompleto e, em função disso, vários engenheiros têm encontrado mais dificuldades em se adaptar ao novo sistema.

A entrega do segundo grupo de 23 *desktops* já foi feita. O pessoal da Cope estranhou essa entrega; além disso, a Intersis, equivocadamente, faturou o segundo lote, emitindo uma duplicata contra a Cope. O gerente de sistemas da Cope enviou um e-mail ao gerente de marketing da TEC, convocando-o para uma reunião imediata a fim de resolver a questão.

Caso do risco político: Caso Dryland

Caso do risco político — Caso Dryland

Estamos no futuro, em Dryland, país pobre cujos recursos de água potável (*commodity* escassa e muito valiosa nesta época) estão sendo explorados pela multinacional externa Watoilgas Inc., após vultosos investimentos de exploração e produção. Esses projetos são de alto risco e Dryland precisa do investimento e da tecnologia de empresas como a Watoilgas. Forças oposicionistas pretendem tomar o poder e, se forem bem-sucedidas, tencionam reivindicar a titularidade plena dos recursos hídricos e a estatização das empresas exploradoras. Existe a possibilida-

continua

de, caso isso ocorra, de modificação nas leis, afetando contratos já firmados com o governo. A economicidade dos projetos poderá sofrer severas alterações, talvez até inviabilizá-los.

Questões sobre o caso

- O que pode suceder se o governo de Dryland puder modificar, a seu bel-prazer, acordos e termos de acordos firmados com a indústria?
- O que pode fazer a indústria, caso tal situação venha a se configurar?
- Como você se prepararia para negociar com um novo governo modificações contratuais que este pretende impor e que vão de encontro a acordos firmados anteriormente?

O cenário

Estamos no futuro. A água potável é um bem escasso e as antigas companhias petrolíferas vêm utilizando com sucesso suas tecnologias para a exploração e produção dessa *commodity* hoje mais valiosa que o petróleo. A Watoilgas Inc., atuando no setor petrolífero há mais de 50 anos, vem desenvolvendo projetos para a extração e produção de água e descobriu reservas imensas de água potável no subsolo de Dryland (um dos países mais pobres da atualidade), tendo iniciado há dois anos um grande projeto de desenvolvimento de tais campos, envolvendo US$ 2 bilhões de investimento.

A indústria, nesses casos, funciona pela aquisição de blocos exploratórios, oferecidos pelo governo em licitações internacionais. Para ingressar no país, as companhias fazem seus estudos isoladamente ou em parcerias para cada bloco e oferecem um lance na data da licitação, para assumir a posição de contratista ou grupo contratista (em parcerias). Adquiridos um ou mais blocos nessas licitações, o grupo contratista negocia e firma contratos com o governo, para regulamentar sua atuação durante a exploração e o desenvolvimento dos campos de água descobertos no processo exploratório. Os contratos firmados com o governo apresentam cláusulas de estabilidade fiscal tais que, se uma mudança no regime fiscal aplicado ao contrato implicar prejuízos para o grupo contratista, o governo procurará meios para garantir que a economicidade do projeto seja preservada para o grupo.

Você pode imaginar o que poderia suceder se os governos pudessem alterar a seu bel-prazer os acordos ou termos dos acordos firmados com a indústria?

O objeto

Iara coordena projetos de extração de água potável da Watoilgas em Dryland, rentáveis sob o sistema fiscal dos contratos que foram firmados há 10 anos com o governo. O período exploratório previsto é de oito anos, com a perfuração de poços para a verificação da existência do recurso (US$ 100 milhões de investimentos), seguida do desenvolvimento, produção e venda da água no mercado internacional (US$ 2 bilhões de investimentos). Os contratos mencionados impõem 20% de *royalties* sobre a produção bruta, além das taxas e impostos comuns na indústria. Em Dryland, os contratos não têm cláusula de estabilidade, mas o governo tem respeitado os acordos com os contratistas, esforçando-se para preservar os termos contratuais de forma a incentivar investimentos. O direito adquirido vem sendo preservado.

O problema em potencial

Recentemente, por pressões oposicionistas, o Parlamento propôs uma lei para definir um novo imposto que dobra a carga tributária em projetos similares. Desesperada, Iara telefona para um dos advogados do departamento jurídico da companhia, questionando o caso. Ele a tranquiliza, dizendo que, geralmente, os direitos já adquiridos são preservados e que tal lei deveria vigorar para projetos com contratos assinados após a sua promulgação. Entretanto, os advogados pedem a Iara que lhes envie o texto da lei para que possam analisar mais detalhadamente o caso.

O problema real

Forças oposicionistas tomam o poder e pretendem estatizar o setor. Enfatizam a aplicação da nova lei e reivindicam a titularidade dos recursos hídricos, antes das companhias, para o governo. A lei prevê que os contratos antigos deverão "migrar" para contratos novos, adequando-os aos novos parâmetros.

As mudanças propostas modificam radicalmente o resultado do projeto: o valor presente acumulado do projeto cai à metade. O valor das ações na SEC/USA também deverá cair, pois, pela lei, o produto deve abastecer primordialmente o mercado interno, perdendo as companhias a titularidade sobre ele. Titularidade e livre disponibilidade do recurso são requisitos básicos para valorizar ações da companhia na SEC.

Uma reunião com representantes do governo é marcada para o mês seguinte.

Caso da usina hidrelétrica: Caso UHE

Caso da usina hidrelétrica – Caso UHE

Para atender a crescente necessidade de utilização da energia elétrica, um novo empreendimento de geração será implantado. A formação do futuro reservatório da usina hidrelétrica (UHE) acarretará o alagamento de áreas rurais e o deslocamento da população. O órgão regulador pressiona a UHE para que o empreendimento seja entregue no prazo. A gerência do projeto precisa fazer um acordo rápido com três proprietários rurais, com interesses distintos, situados na área onde será instalado o canteiro de obras. A negociação a ser realizada servirá de paradigma para todas as outras futuras 2 mil negociações com proprietários atingidos.

Questões sobre o caso

- Que posição a gerência do projeto deve adotar na negociação, sabendo que a posição dos demais 2 mil proprietários fica fortalecida pela precedência da negociação com os três proprietários?
- Como a gerência do projeto pode atender às diferentes necessidades/desejos de três proprietários, sem comprometer a viabilidade econômica do empreendimento com as demais negociações?
- Como a gerência do projeto deve proceder para construir o consenso com a população e que critérios podem ser apresentados para legitimar as propostas?

O cenário

Para atender a crescente necessidade na sociedade da utilização da energia elétrica, um novo empreendimento de geração de energia será implantado.

A formação do reservatório da usina hidrelétrica (UHE) acarretará o alagamento de áreas rurais e o deslocamento compulsório da população.

O objeto

A gerência do projeto está empenhada em encontrar uma solução que atenda as partes. Seu orçamento não apresenta folgas e a conclusão dessa fase é pré-requisito para a continuidade do projeto.

O órgão regulador pressiona a UHE para que o empreendimento seja entregue no prazo, e a gerência sabe que, se não houver acordo rápido com os três proprietários na área onde será implantado o canteiro de obras, será perdido o período ideal para o início das obras (quando as vazões do rio são menores), atrasando a construção em um ano.

Os atingidos na área do canteiro são proprietários de três sítios semelhantes.

- Proprietário *A* — favorável à construção do empreendimento. Jovem, sem vínculo afetivo com a região, prefere vender por preço justo e mudar-se para outro estado.
- Proprietário *B* — opõe-se à construção do empreendimento. Jovem, morador antigo da região, aceita ser remanejado para área próxima, em condições no mínimo semelhantes à atual. Está preocupado com a relocação dos equipamentos urbanos e com problemas previstos durante a obra (aumento da violência, favelização de áreas próximas ao canteiro, epidemias etc.). Alega que as terras mais férteis, como as suas, encontram-se nas margens do rio. Não se sente seguro se irá receber pelo período em que terá sua renda interrompida.
- Proprietário *C* — opõe-se veementemente à construção do empreendimento. Idoso, morador antigo da região, não quer ser deslocado de sua propriedade. Alega que suas lembranças também serão alagadas pelo empreendimento. Argumenta que símbolos da região serão destruídos pela UHE. Informa que não sabe "lidar com dinheiro" e nem com as providências para a sua mudança.

O problema em potencial

A negociação com os três proprietários servirá de paradigma para todas as outras futuras 2 mil negociações com os outros proprietários atingidos.

Movimentos sociais acham-se fortemente presentes na região e estão reivindicando, em nome dos atingidos, valores de indenização superiores aos praticados pelo mercado e previstos pelo projeto.

A gerência sabe que a ação de movimentos sociais no passado paralisou diversos empreendimentos semelhantes.

O problema real

A empreiteira contratada para a execução dos serviços já está se mobilizando.

A UHE pagará tarifa pelo uso do bem público a partir da data prevista para a entrada em operação, independentemente da sua data de início de operação.

A UHE já firmou contratos de venda futura de energia.

Caso o projeto não entre em operação no prazo previsto, o valor presente do projeto se reduz consideravelmente.

Uma reunião individual foi marcada com cada um dos três proprietários para a semana seguinte.

Os autores

Eugenio do Carvalhal

Mestre em gestão empresarial pela Ebape/Fundação Getulio Vargas. MBA em Administração pela Coppead/Universidade Federal do Rio de Janeiro. Especializado em negociação pelo Situation Management System Institute (MA, EUA) e em comportamento organizacional pela Columbia University (NY, EUA). Foi executivo da IBM Brasil e do Grupo Gerdau. Autor do livro *Negociação: fortalecendo o processo — como construir relações de longo prazo*. Membro do corpo permanente da Câmara FGV de Conciliação e Arbitragem. Coordenador do Curso de Formação de Negociadores da FGV desde 2002. Instrutor da Escola de Comando e Estado-Maior do Exército desde 1999 e de cursos de negociação, no Brasil, Portugal e países da América Latina desde 1984. É professor convidado dos cursos de pós-graduação *lato sensu* do FGV Management.

Antônio André Neto

Mestre em sistemas de gestão pela Universidade Federal Fluminense. Especialista em *mergers and acquisitions* pela University of Pennsylvania Wharton School (PA, EUA). Pós-graduado em administração de empresas pela Universidade de São Paulo. Graduado em engenharia mecânica pela Faculdade de Engenharia Industrial (FEI). Atuou na alta direção das empresas e grupos como Thyssen, Promon, Gerdau, Eluma, Froeling Walzwerkmaschinembau (Alemanha). Realizou negócios em 54 países e liderou processos de compra, venda, estabelecimento de empresas e redes de vendas em 16 países. Coordenador acadêmico dos MBAs em Administração de Empresas e Negócios e de Gestão Empresarial da FGV. É professor convidado dos cursos de pós-graduação *lato sensu* do FGV Management, Team Management e CEO International da Ebape/FGV.

Gersem Martins de Andrade

Master of sciences in petroleum engineering pela Stanford University (CA, EUA). Especialista em negociação de contratos internacionais na indústria do petróleo pela Association of International Petroleum Negotiators (AIPN) e pela Dundee University (Escócia). Graduado em engenharia eletrônica pela Universidade Federal do Rio de Janeiro. Bacharel em direito pela Universidade Estadual do Rio de Janeiro, registrado na OAB-RJ. Especializado em gerenciamento financeiro de óleo e gás pela University of Texas (TX, EUA). É funcionário da Petrobras, da área de negócios internacionais, atuando como consultor de negócios no segmento de exploração e produção (*upstream*). É professor convidado dos cursos de pós-graduação *lato sensu* do FGV Management.

João Vieira de Araújo

Mestre em metrologia para a qualidade e inovação pela PUC-Rio. MBA em Gerenciamento de Projetos pela Fundação Getulio Vargas e em Energia Elétrica e Administração de Negócios pelo IBMEC Business School. Graduado em engenharia elétrica pela Universidade Gama Filho. Desenvolveu sua carreira em empresas de engenharia consultiva, onde participou de diversos projetos industriais, de setores petroquímicos e de geração e transmissão de energia elétrica. Possui especialização nas áreas de logística integrada, qualidade, auditoria e negociação. É funcionário da Light Energia S.A., atuando na gerência de estudos e gestão de ativos da área de geração de energia elétrica. É professor convidado dos cursos de pós-graduação *lato sensu* do FGV Management.

Este livro foi impresso nas oficinas gráficas da Editora Vozes Ltda.,
Rua Frei Luís, 100 – Petrópolis, RJ.